U0086485

珠玉之網 心道

世界宗教博物館開館紀念專刊

世界宗教博物館
MUSEUM OF WORLD RELIGIONS

■謹以此書與世人分享我們的籌建歷程與經驗！

人類文化與宗教之間，因為民族、地域與思想觀念上的差異，產生許多無謂的誤解及對立，造成今日的世界不斷發生爭戰紛亂。為此，靈鷲山開山住持心道法師運用十多年來歷經塚間獨修到斷食閉關，苦行修練所證悟得來的智慧創建了世界宗教博物館，經過十多年力求完美的籌備時間，希望能夠將世界上所有先覺的大智慧，運用高科技展示手法與現代人作進一步的接觸，成功引導人們去學習包容存在於世界上各個角落的不同族群，以及尊重所有由不同族群文化所發展而成的宗教思想和體制，進而將這份尊重、包容的無分別之心，昇華成對人世間每一份生命的廣博熱愛。

世界宗教博物館可說是佛家累積千年智慧的呈現。整個博物館的展示設計以華嚴經為中心思想。在華嚴經裡提到：一位善財童子為了求智慧、成佛道，而拜訪了五十三位善知識，這五十三位善知識中，各式各樣的人都有：捕魚人、鐵匠、酒家女、比丘、比丘尼………，每一位善知識都給予他很好的啟示，因為這樣，最後他終於修道成佛。從這裡看到，人世間的一切處都是佛智慧的顯現，只因證悟有所不同，所以每一位覺者所表現的智慧也就不一樣。領悟了這樣的道理，我們當然更沒有理由一味的否定其他宗教先覺所表現出來的大智慧。因此世界宗教博物館將各宗教都呈現出來，就如同善財童子參訪五十三位善知識的道理一樣，悟得了各種善知識所給予的啟示之後，人人皆可像善財童子一樣成佛。

而世界宗教博物館的作用，就跟觀世音菩薩的普門示現是一樣的。普門品中說道：「應以童男童女身得度者，即現童男童女身而為說法；應以………人非人等身得度者，即皆現之而為說法。」為了使眾生離開苦惱，觀世音菩薩顯現各種不同的模樣來救贖眾生，因此世界宗教博物館就是在做這份普門示現、呈現各種宗教資訊的工作。觀眾進入博物館，可以自由選擇自己所要接收的訊息，不管是在博物館內的哪一個部分、資訊裡得到生命的啟發，最後選擇投入哪一個宗教，這一切的選擇都是因緣際會，都是普門的道理。

世界宗教博物館從民國八十年籌劃建館至今，端賴各種不同領域的支持者共同推動這份艱困無比的工作，其中包括有出家法師、護法會組織、展示設計公司、影音多媒體設計公司、燈光藝術設計、硬體施工單位、學術研究團隊，以及各界顧問和籌備人員等。這些參與建館的每個團體及個人，無不卯足全力發揮所長，在負責的崗位領域上各司其職，每個團隊看似各自獨立作業，事實上，每個領域卻又互相息息相關、相輔相成，缺一不可。例如：組織的推動、建設工程的進行，都是依靠護法會提供源源不絕的資金，才得以持續順利進行；燈光藝術讓博物館現場的展示效果更加活靈活現；多媒體影音科技的輔助，讓博物館的學術研究有更加多樣化的呈現。這一切表現，宛如大千世界中每一顆閃閃發光的寶石，自成一世界卻又互相關聯、相互輝映，串連成一個網絡，將華嚴經典裡「珠玉之網」的意境，發揮得淋漓盡致——寶珠皆映現自他一切珠寶之影，又一一影中亦皆映現自他一切珠寶之影，如是寶珠無限交錯反映，重重影現，互顯互隱，重重無盡，千光萬色，不可名狀，空間有限，而意境無窮。

「空間有限，而意境無窮」此正為身處台灣省永和市這個小小城市的世界宗教博物館之最佳寫照：一座空間有限的小小博物館，呈現出一個華嚴世界的廣大意境，而參與建館歷程的每一個小分子，就是珠玉之網裡的一顆顆閃亮的珠玉，每一顆寶珠都有其各自堅守的道理與信念，以及感動人心的故事隱含其中，箇中滋味值得讓人細細品嚐。

世界宗教博物館的圓滿誕生，象徵人們對於和平世界的殷殷期盼，我們希望能將宗教文化的真、善、美，盡情展現於世人的眼前，期使每一個人的心靈得以飽滿、昇華，心胸寬暢得足以廣納、包容人世間所有不同於己的思想與觀念；這是創辦者心道法師的初衷，同時也是世界宗教博物館所有支持、推動者的共同目標。讓我們一起期待！

壹｜籌備歷程

一個窮和尚
的大夢

創辦人心道法師

「其實世界宗教博物館，不過是為大眾找一個心靈的家，它是心靈的詮釋者。」「如果在宗博館，能夠創造一個起點，讓整個地球成為一個大家庭，那就值得堅持去做。」

心道師父是一個出家人，但他常常提到「家」的概念。乍聽有點奇怪，出家人不是要拋棄俗世、斷絕家庭的嗎？

心道法師年表一

1948年 • 祖籍雲南，生於緬甸；本名楊進生。

1952年 • 亂世戰火中，與父母離散。

1954年 • 與姨丈顛沛流離，走過大半個滇緬邊界。

1957年 • 加入游擊隊當娃娃兵，體驗到戰爭中的離散與死亡。
　　　　• 於緬甸小村落中，目睹阿羅漢水上飛行的奇蹟，開始嚮往出家修行。

1961年 • 隨軍隊撤退至台灣，在台中成功嶺受訓操演。

1963年 • 初聞觀音菩薩聖號，心中湧現無限法喜，遂立願今生修行渡眾，臂刺「悟性報觀音」、「無不成佛誓不休」立志。

1973年 • 出家剃度，就讀於佛教叢林大學。

1974年 • 以嚴苛苦行磨練身心，於外雙溪獨居閉關。

1975年 • 勤練「塚間修」，找尋最困苦而死寂的環境，在宜蘭礁溪圓明寺、莿仔崙墳塔等地獨修。

1983年 • 在宜蘭龍潭墳場搭建如幻山房，夜晚尋覓墓地禪坐。
　　　　• 轉至福隆靈鷲山開始長期的斷食閉關。
　　　　• 創建「無生道場」教化信眾、弘揚佛法。

1985年 • 兩年斷食閉關後，出關教育徒眾，以證悟的成果服務人群。

1989年 • 成立「靈鷲山般若文教基金會」，進行社會文教活動。

1990年 • 聖山寺落成。
　　　　• 成立「靈鷲山護法會」，護持及實踐佛法之教育。
　　　　• 成立「國際佛學研究中心」，奠定宗教文化研究基礎。

1991年 • 籌設「世界宗教資訊中心」。
　　　　• 於羅東舉行「萬燈供佛大悲法會」，為靈鷲山護法會第一場對外大型活動，數千人參與。

1992年 • 天主教樞機主教安霖澤來訪靈鷲山無生道場及世界宗教博物館籌備處。

1993年 • 內政部長吳伯雄贈「菩薩活在人間」匾額，表達政府對世界宗教博物館之肯定。
　　　　• 世界宗教博物館籌備處於國家音樂廳舉行「弘一大師紀念音樂會」。

1994年 • 榮膺台北縣八十二年「宗教團體舉辦公義慈善及社會教化事業」績優表揚大會頒發成果優異獎。
　　　　• 正式成立「財團法人世界宗教博物館發展基金會」。
　　　　• 靈鷲山護法會分別於台北、台中、東區成立講堂。
　　　　• 於台北舉辦「為愛拯救地球義賣晚會」，企業各界響應世界宗教博物館的籌建。

1995年 • 全省舉辦「為籌建世界宗教博物館而跑」活動，參加者達一萬二千多人。
　　　　• 美國紐約護法會成立，首辦「佛陀供養大會」。
　　　　• 印尼雅加達護法會成立。
　　　　• 世界宗教博物館動土大典，李登輝總統、海內外各宗教界代表、博物館界及學界代表多人共襄盛舉。
　　　　（以下詳見【附錄-世界宗教博物館籌備大事紀】）

無家的小孩

「師父，你小時候是一個什麼樣子的小朋友？」

「我以前是一個很伶俐、很頑皮的小朋友。家庭可以說很幸福，只是父母自小離散而已。」在海風潮湧的靈鷲山上，心道師父遙望著海那邊，回憶的另一端：「我家在緬甸種些稻米、玉蜀黍，我就整天在野山林裡亂竄。土著抽煙、吃檳榔，我也跟家裡的工人比賽抽菸，比賽到昏倒……很好玩。在四歲以前，可以說真正過了一個小孩應該有的生活。」

他是雲南孤軍後代，才四、五歲上，父母自小離散，跟著姨丈去流浪討生活。「晚上趕路，荒山野嶺沒電燈、也沒手電筒，老虎、大蛇就在前面，我們這樣走著，牠們就跟在屁股後面走。沒辦法，這條命就賣給牠們了，走吧。那蛇粗得像大樹，橫在路上，這麼粗。」他比劃出一人環抱的直徑：「碰到小一點的蛇，我們就跟牠講話：你要生活，我們也要生活呀；你走你的路，我們走我們的路吧……牠就走開了。有月亮的時候，就跟著月亮走，走累就在路邊躺下來睡了。」

雲南姨丈喜歡吃辣，他不敢吃。但是不吃就要餓死，慢慢訓練著，這小孩也就吃得下了。「姨丈到處打零工，我依附他在生活。等到八、九歲，就自己去幫人做事、養活自己。」

不久他去當了兵，「當兵窮啊，冷得要死也是一條褲子，熱得要死也是一條褲子，連衣服都沒有。那我又喜歡流鼻涕，整條褲子到處都是鼻涕。又沒有鞋子穿，腳上凍得都裂開了。不過那些兵年紀都比我大，他們看到我、就把我當他們的小孩，很愛我，指著我跟他們的小孩說：你看他多聰明、你們多笨。」是憐恤這個沒有家的小孩吧。一般這年紀的小孩，在家可能還不會自己盛飯；可是他在軍隊裡，已經要扛槍上戰場送命了啊。

「發了軍餉，就夠買點零食、買香菸抽而已。他們平常很想家，原本只是討生活，想著當兵有飯吃；可是一來卻不能回去，當兵逃跑，抓到就槍斃、死了。打仗就是我們的生活，有時候滿天的槍砲聲，打了兩三天，起來一看，死的死，傷的傷。」早上還把食物分給他的叔叔伯伯，怎麼晚上就成了死屍？戰爭的不仁，讓他小小年紀就有了奇異的體悟：「為什麼就這樣死掉了？這就是死亡，這就是戰爭，我看到了人性的問題。所以我從小就有大志願，立志要搞和平，把戰爭打掉，以後就不要再打仗了。」

捨己福報　為眾生造福

十三歲那年，政府把這群孤軍接來台灣，他興奮地張望這個新家。「當時心裡想：啊，這個好好，還要流浪？以後不用流浪了。」孤軍早已飽嘗飢寒交迫的滋味，以致別人苦不堪言的軍隊生涯，他們卻如在天堂。但他並沒有安於三餐溫飽：「每天做同樣的工作，覺得無聊、沒出息。台灣太小，就算做了一個大將軍、大官又怎麼樣？我不願意。所以我最喜歡救人救世的大事業。」

廿五歲，他剃度出家，在福隆荒山潮穢的洞窟裡苦修了兩年。遭遇過貧窮烙印的人，應該不可能再回頭、選擇三餐不繼的生活；但他不但做了，而且多年持守如初。究竟為什麼？

經歷過世間至苦，他已經無所懼怕。但就因為生離死別、流離失所，他深刻明瞭眾生的苦楚，情願奉獻此生，去安慰憐恤那樣的痛苦。修行的洞窟附近有一塊巨巖，形狀如鷲，此地便稱為靈鷲山。西元一九八三年，心道師父在此創立無生道場，開始講經說法，立下宏願：要為心靈流離不安的人，找一個家。

就像當初那個父母離散的小孩子，他噙著眼淚，孤身站在茫茫荒野裡，想要的一個家。

如今心道師父一身袈裟，在靈鷲山向晚的寒涼中，憑風而立。他聽見的彷彿不是風聲，而是萬千生民的無聲吶喊：想要一個家，一個心靈寄託的所在。他們肉身飽暖，靈魂卻飢渴，以致美食入喉、頓成火炭，活在物質天堂，也像困鎖煉獄。

人們需要宗教。需要認識自己生命的方向。

共進和平　跨越宗教藩籬

師父心心念念，都在社會的福祉：「本來佛法是講自利、利他，這是人格修養上的圓滿，修到一個階段，就要把佛法的利益傳播給別人。人能獲得的最大利益，其實就是觀念上的改變。如何讓社會獲得宗教的利益，放下分別心，互相學習、各得其所？這就要靠宗教精神，也就是互相尊重，共同來博愛生命，推動愛與和平，保護環境。如果宗教能團結起來，減少衝突，就能少一些殺戮戰爭。」

信仰能拯救世人；但宗教特有的排他性，也讓許多人葬送生命。歷史上無數次的宗教戰爭，證明了宗教激情的毀滅能量。「宗教沒走出來跟大家交流以前，常會封閉自己。宗教講內在修持，所以一封閉起來，比任何人還封閉；往往很自我，又有優越感，鄙視不信教或是外教的人，跟人家講話都是假假的，其實心裡還是覺得自己的宗教最好。現在為全人類著想，不能光做表面功夫、做點公關就了事。靠公關是不可能達到真正和平的，只有真誠敞開、互相了解。」

十多年來，他為此奔走全球，推動宗教交流，盼望少一點苦毒，多一點分享：「不同的語文之間想溝通，要靠很大的勇氣，要有愛人類、愛和平的心。宗教之間的歧見是那麼大，彼此嚴重的抗拒，所以要推廣世界宗教互相包容的概念，讓各宗教覺得和平很重要、覺得需要彼此溝通。我們把這種觀念推廣到全世界，在每個國家成立一個小的據點，拜訪各宗教、互相交流，創造了美好的友誼。連我們建立博物館所需要的文物收藏，各宗教也慷慨地支持。」

為了揚棄成見，互表誠心，他們放下了傳統的堅持，作出最心胸寬宏的舉動。「我們和尚跟他們伊斯蘭教徒一起跪拜，跟天主教神父一起吃聖餅，雖然看起來怪怪的，還是拜。」

在國際交流中，與不同民族、宗教的友人一起用餐、生活，觀察他們的作息，師父發現：他們的生活跟信仰密切結合。「西方人隨時都是基督徒、天主教徒；台灣人呢，有拜拜的時候才是佛教徒，沒拜的時候就不是。」玩笑之中道出精闢的洞見：「我們無法把信仰貫徹到生活上。例如他們有些宗教很嚴，規定出奉獻的比例；但我們是甘願多少就多少。可是這個很重要，因為捐了錢，自然而然你的關懷就會往那個方向去結合。」動員宗教力量、服務社會的契機，往往就從這當中發生。

慈悲喜捨 打破人我界限

當初師父想蓋宗博館，讓各宗教互相了解、彼此寬容；人們也藉此認識宗教、得以身心安頓。弟子和信徒聞言，多半反對，因為並不是純粹宣揚佛教的機構，爭議性太強。「所有人都說不可能，宗教跟博物館都是那麼龐大的東西，光做一個佛教博物館就會做得很累，何況是世界宗教博物館。但該做的就是要做，這是一個輔導工作，能夠創造一個起點，讓整個地球成為一個大家庭，那就值得堅持去做。好比《華嚴經》裡的華嚴世界，也沒分什麼宗教不宗教，它就是一個智慧的境界。」

師父始終相信，只要是正信的宗教，勸人為善，終歸是好的。這個時代需要宗教來撫慰人心，為此他甚至踏遍全球，尋求各宗教與博物館界的支援：「為了蓋宗博館，不停到世界各國去，看了許多有名的博物館。」師父打趣說：「經常走到兩腳很痠、眼睛很累，最後看到博物館就起反感。」

「但還是照樣要看，觀察人家動線的設計、展示的技巧等等，每個館是怎麼呈現，都要好好去分析一番。」他的身教，說明了「捨」不只是把自己所有的給別人；卻是上天下地、找到最好的，苦心孤詣造出來給別人。

用世界宗教博物館來宣揚宗教，師父的用意深長：「博物館的心胸是尊重包容萬物，佛法講慈悲喜捨，就是如此。信徒從親近佛法感受到喜悅，藉由推動博物館，把這份快樂傳遞給別人。所以護法委員其實募款在其次；重要的是藉此親近眾生的痛苦，去關懷他們、作心理輔導。」

廣結善緣 藉建館度眾生

師父一直強調，善行是基本，再來才是信仰。「服務和奉獻，能夠達成一個良性的循環：生命奉獻生命，生命服務生命。這麼多年做下來，大家都成長了，不是只有精神支持、物質救濟，而是因為建博物館，而使人群緊密相連起來。每個人不只關注自己的家庭，而更進一步去關懷社會的福祉。現在不景氣加上許多天災人禍，大家非常苦悶；所以更要創造豐沛的社會資源，來撫慰人們苦難沮喪的身心靈。」

透過建館募捐這個形式，熱情關懷的人、和需要關懷的人，便被連繫了起來。「募款是植福造福，是廣結善緣的一種方法。其他宗教早已實行了，例如教堂就募得很好，我們根本無法相比，只是可以過日子而已。假如信徒整天募款，募得精疲力盡，那就算募到再多的錢也沒有用處；其實用心不是在募款，而是在教育，讓大家互相關懷，創造好的關係。佈施就是一種方法。雖然社會大眾不容易認同，但其實世界宗教博物館是在為大眾找一個心靈的家，是心靈的詮釋者。」

「整個過程，就是引導到一種菩薩道的理念。」師父表示，許多人在家修行，並沒有特定訓練的環境；但建立世界宗教博物館，就是訓練大家行菩薩道的道場。所以即使過程非常困難，師父也從不憂慮成員心情起伏、無法度過難關，「人都有情緒，只有本著觀音菩薩的願力，應該做的就要堅持去做。做一件好事不容易，做大事更是不易，只有堅定信心，繼續向前。」

「佛陀大力大雄大慈悲，只學到一點，就能過關，全學到就不得了。」難關越多，

學到越多。這就是修行人的功課。彷彿他依舊是在那毒蛇猛獸環伺的荒野，仍舊安心酣睡的趕路人，對上天充滿了信心。

把希望賦予下一代

師父心目中的博物館，不只擁有傲視全球的收藏與設計，還要結合科技與藝術，創造潮流。「只要是潮流就會互相傳播，力量才會大。電腦網路跟電玩遊戲這些東西，他們年輕人是最喜歡鑽進去的了。」十多年前，他便已預見今日網路的無遠弗屆，早已設想好下一步：「這個博物館蓋在永和，下一間就要蓋在網路上。」

起先，他想為自己找到一個可以棲身的家。雖然這個家從來沒有實現過，在周遭人們的愛心當中，卻體現了家裡能夠得到的親情與愛護。在他成年以後，他想替台灣心靈漂流無定、飢渴難言的下一代，找一個家，一個安身立命的信仰。將來，他會給全世界的人們一個家，這個家並不豪華，有點老舊、破損，卻依然溫暖可靠，它就是地球。地球上的人們，將會因為互相理解與包容，成為一個大家庭裡的同胞手足，不再有戰爭，不再有殺戮。

世界宗教博物館是一個起點。

經過十多年的奮鬥，心道師父與追隨的弟子、信徒們，終於站上起點了。過去的努力，是多麼艱辛；今後的旅途，又是何等漫長。但人們不再是當年深夜無燈荒野的流浪者了──世界各地，全台灣每個角落，所有認同、幫助過建館事業的人們、萬千顆善心，已經像火炬般相繼燃起，點點相連，從這山綿延到那山，照亮了黑夜，安慰了你我，每個孤獨的靈魂。

讓愛與和平開始吧。

天心月圓

執行長 了意法師

世俗年輕人的夢想稍縱即逝，但他們堅決持守，十年無悔。如今你已看到這份凌雲之志，令世界宗教博物館從無到有、轟立於塵世，度眾生劫。

這氣象宏闊的殿堂，卻是來自幾個二十來許青年人的大願。當年，了意法師還是個才從學校畢業的青年，出家跟隨心道師父，那時山上法師還不多。「當初師父也只有三十幾歲，初生之犢不畏虎，只知道要做就去做。」便把這份志業，交給了同樣年輕無畏的了意師。

尋訪智者

憑著一股純真的衝勁，她到處去請教專家。也不管學界有多少門檻，她只相信，自己踏出去結緣、才有互動。當初去拜訪故宮的學者，那位教授極力勸阻，說：「你們做佛教就好，文物很貴，宗教又博大精深。沒有翠玉白菜，學人家搞什麼博物館？」看來完全沒希望。幸好，留日學佛教藝術的林保堯教授肯幫忙。但他的建議是：建博物館，最重要的是人才；不如找幾個法師去日本留學十年再說。

這聽了也讓人很無力。不過英雄惜英雄，林保堯教授帶江韶瑩教授上山，江教授就把呂理政教授也拉進來，「呂老師是個熱心腸的人，唏哩呼嚕就把籌備計畫寫出來了。」

憶起當年奮不顧身的奔走，她眼中依舊閃爍著那份熱切：「當時年紀輕、理想高，到處找專家學者。我想：我一定要找到一流的人才。希望專家能說出一種感覺，讓我聽了便知道『啊，這正是我要的』。假如一個人沒辦法說得完全，那就這次找建築專業的人，下次找博物館專業的，再下次找景觀……」迫不及待要實現這個大夢，誰料得到，也真的紮紮實實走了十年長路。

跨出國際

於是成立了世界宗教資訊中心，先收集資料、看是否可行。又接連赴日韓考察，聽說日本福岡長谷川做日式佛壇的企業，有意蓋宗教博物館，展示歷史佛具。企業請了規劃福岡市容的景觀建築師中村善一來設計，久留米大學比較宗教學的副教授安達義博來研究內容，都是一時之選。後來，該館因土地產權問題而中輟，靈鷲山便聘請中村來考察景觀、安達研究各宗教與聖地。

了意師謙稱是土法煉鋼，一面參訪國內外博物館、宗教聖地，並蒐集藏品；一面作宗教交流。佛教團體要建世界宗教博物館，是跨越無數領域的大膽嘗試，各方面都困難重重，最難的在於要具體表現出師父形而上的理念。所以就往國際上去發展，包括博物館界，宗教領袖、學者，以及設計家。

這方面，都借重籌備處顧問指導及館員認真執行，就綱要書發國際標招商，不斷開會篩選設計公司。「博物館要什麼」這個大哉問，終於向全球公開，得到無數精彩創意的回應。華采燦爛的天才交會，讓了意師感動不已：「和專家互動的經驗，是會擴散、累積的。這個志業，令參與學者覺得有意義、會彼此介紹來幫忙，是我覺得最愉快、滿足的地方。」

奧若夫設計大師

起初簽約的 3D Concept 設計公司，始終無法呼應師父的想像，構思滯塞，一片愁雲慘霧。後來經人介紹，終於找到了奧若夫先生（Ralph Appelbaum）和他的RAA設計公司（Ralph Appelbaum Associates.），就像雨過天晴，陽光破雲而出，萬物都清晰輝耀、形象分明起來。

奧若夫能精準理解師父的抽象思維，具體演繹為動人心魄的展示藝術，「師父想什麼，他就當場畫出設計圖，一拍即合。難怪師父常說他是個宗教家。」來自地球兩端的這對忘年之交，不著字句，互契於心，才能於無聲處聽驚雷，隻手擘開眼前混沌，合創別人聞所未聞、見所未見的浩世大業。

雖然奧若夫衷心喜愛這個特殊的計畫，RAA公司卻嫌合約條件限制太多不肯接下。合約談了一年多，簽約前還逐條修了三天三夜，換成別人早就放棄了，這全是籌劃者珍惜人才的一番心意。

初期討論展示內容時，RAA找美國的高中教師做了一份計畫；宗博這邊一看，實在太粗淺，完全拿不出去。困擾之餘，她心中一動，便去找心道法師：「師父，一九九五年您去哈佛演講，不是認識了一位蘇利文博士嗎？」立刻請奧若夫去聯絡博士幫忙，他竟答應了。這下子進展才厲害。

蘇利文博士

專研宗教學的蘇利文博士（Dr.Lawrence E.Sullivan），是位飽學宿儒。接下宗博的委託之後，每種宗教研究，都交由本身具有該教派背景的學者來執行。伊斯蘭教的部分，便找伊斯蘭學生來做研究，以避免英語世界的主觀偏差。研究生領到的酬勞不豐，卻都洋溢著宗教情操，作品真摯深刻，讓了意師每次開會都很感動。這次研究的成果實在太珍貴豐富，結案後，博士也因此在哈佛開了一門「宗教如何在博物館中展示」的課程。

他提供奧若夫怎麼整合宗教素材，彼此共同激盪，形成了主體架構。了意師微笑道：「奧若夫、蘇利文跟師父三個人，都是頂尖聰明。我沒有那麼聰明，但是可以協調大家、整合出共識。」找到了最頂尖的人才之後，了意師並沒有指揮發號施令，而是俯首自居於默默奉獻的位置。

主題的潛移默化

對於奧若夫，她既欣慰又感謝：「跟一個好的設計師合作，真的不用擔心什麼。他會冷靜思考業主是怎麼想，一講出來就是非常準。他擅長用發問來釐清焦點：『你希望觀眾看完走出來是什麼感覺？』這就對了，師父就是希望他們出來有點愛心。」社會上青少年殘虐的案件層出不窮，「既然那麼多青少年只會玩電腦，不懂跟人相處，沒有溝通就沒有機會發展人性，越沒人性越容易殘暴；師父就要以毒攻毒，用電腦把他們救回來。」多媒體互動遊戲，便成為展示的要項。

美的感動也是不可或缺，所以，了意師想超越「器物旁放塊看板，寫明尺寸、年代」的公式，希望讓收藏自己說話，「一尊觀音像在那裡，觀眾看了，就自然而然感受

到慈悲。」奧若夫便懂得以空間情境來帶領觀眾，經歷生老病死的循環，從悲歡交加，走到圓滿燦爛。

說到圓滿燦爛，就是光明的華嚴世界。了意師說：「這或許跟我個人的私心有關。因為我出家後，花了很多時間鑽研華嚴經，明瞭到它呈現了宇宙的多元性，將人不同的心靈位階，闡釋得很清楚。覺悟，開朗，和平，最後生命得到解脫時，應該是這樣。」她不僅為建館奉獻了辛勞，也將此生修得的智慧領悟，獻給每位進館的觀眾，希望他們學習到生命的圓融，再去欣賞各種宗教的多采多姿。

工程發包
突破了宗教、學術等界限，了意師又再度面對另一個截然不同的專業：工程發包。

展示家具方面，RAA介紹了固定往來的廠商，水準令國人大開眼界。無論是看板、文物櫃，只要選定了，他們送來時，連一顆螺絲也不會錯，絕無材質不符、拖進度等常見的狀況。但他們一開始並不信任宗博，認為它僻處台灣，又是小博物館、小案子，所以堅持要先收貨款。了意師知道不能拿業主的立場去強求，只能說服對方：此案有助於貴公司累積品牌形象。終於獲得認可。

國內發包裝潢工程，便遇到圍標，過程錯綜複雜，連承辦的館員都遭人恫嚇。箇中艱苦，誰能與訴。了意師慨嘆，工程環境亟需改善：「我們真的只想做一份社會公益，但是包商要污你，一千五百萬就是開兩千萬讓你砍。只能靠菩薩保佑，還有工程顧問幫忙看。我非常痛苦，因為不是專業，那麼大一筆合約，簽了手都會發抖。畢竟是個修行人，基金都是人家奉獻的，怎能不戒慎恐懼。」

對外協調更是複雜。為在鬧區裡經營開闊氣象，設計師要求將樓板打掉，已經困難重重；因為樓下做餐飲，蟑螂老鼠會跑上來，那連通的管線該怎麼轉、才能阻隔蟲鼠？要協調的公私單位實在太多。了意師說：「漢寶德教授很大的貢獻是，他指出博物館若沒有地面接點，將來很難營運。所以我們才知道去爭取電梯。」但為了這兩部獨立電梯，又是一番辛苦反覆的折衝協商。

守得雲開待月明
如此辛勞，外界認為理應居功，了意師卻是不勝慚愧委屈。許多人誤解積深，以為靈鷲山還有諸多建設，都因宗博建館而耽誤；十年來她都是內煎外熬，獨自背負。

雖然風雨如晦，了意師神情依舊清朗：「我也是想修行才出家的，現在走上國際、專業化，離佛法是有點遠了，也跟僧團拉開了距離。其實我很愛他們，但是他們無法了解：為何讓他們這麼辛苦？我只希望趕快蓋好，讓大家的心願回到原先的期待。」

期待永續耕耘
「十年前，心道師父就有遠見，認為透過網路，愛的種子可以無遠弗屆。透過網路慢慢影響青少年，成果不是捐錢的善男信女馬上可以看到的，但種子可以永遠傳播下去。可能三五十年才會開花結果，但就是去做吧。」

募款的辛酸，歷歷在目。「人家會問：怎麼不蓋廟？假如蓋醫院、蓋學校，人家很容易了解；開博物館，就不容易看出有什麼幫助。所以我們一場一場去宣揚，一句講十句來說服他們。但是生子容易養子難，第一階段的捐獻，只是把孩子生下來，接著才是要去養。」開館以後，就要靠社會大眾認同、支持，「現在沒體力再挨家挨戶去講了，請大家讓這個生命教育再延續。它真的很用心，讓我們為下一代靈性的未來，共同努力。哪天它活不下去了，就無法再為社會扛這個責任。」

「沒有我蓋了博物館、就要做館長的道理。」了意師不願居功，卻是為了顧慮博物館的前景：「外界一看到法師，就會先入為主，認定這不過是個宗教機關。但是宗博各方面已經做到這麼高的水準，我希望它在博物館界，能有相應的專業形象、地位。」

她期許未來，也有同樣熱情滿溢的專業人士，接下這美好的使命：「博物館是永遠的赤字，是公益事業，這對未來的經營者，是滿大的挑戰，需要愛心、理想、遠見來承擔。」

如今的輝煌局面，正是經由許多這樣的人奉獻得來。「宗博讓各領域的專家，互相輝映，每個人都是一顆珠子。陸續參與過的人們，並不是已經離開，而是：只要他們貢獻過的一句話、一分鐘，都被我們串連在一起了。很感謝為這案子貢獻智慧心力的每個人，這也是我生命中重要的階段，全方位的學習。」

回首當年青春的膽識，了意師說：「很感謝師父敢做這件事，並且敢讓我做。也許這幾年不是很精進，觀想打坐的時間沒那麼多。但該學的，無形中都學到、也做到了。十年來深深感受到『工作即修行』這件事，佛說要發不退轉的菩提心，就是如此。」華枝春滿，天心月圓。幾番風雨，最後都在了意師身上，歸於圓融歡喜。

一個終生無悔的承諾

一個終生
無悔的承諾

這位滿面笑容、蓬髮飛灰的學界宿儒，在漫長疲勞的籌備會議散會後，深夜仍走進世界宗教博物館的施工現場，仔細確認柱面嵌鑲金箔的效果，是否完美。他豁達地自嘲：「不只要懂展示文物，施工細則也要知道，好到處挑人家毛病。」一面又為博物館大膽的設計而自豪：「就是要讓觀眾有話頭。」

恢宏的胸襟，細緻的體貼。世界宗教博物館的執行顧問，江韶瑩教授，是國立台北藝術大學傳統藝術研究所所長，曾經規劃過國內卅多所博物館，不但在博物館展示規劃、台灣民間信仰、原始宗教等專業方面舉足輕重；也是國內骨董文物鑑定的權威巨擘。

如此地位，卻甘為冗雜繁瑣的籌建過程，奉獻十年光陰，全程指導諮詢。甚至帶領著同仁全球奔波，遠從各地博物館取經而歸。

回憶十年來的艱辛籌畫，他只淡淡地說：「博物館是我跟師父的一個承諾。」

一個終生無悔的承諾

江教授表示，十年前，慈濟、法鼓山、佛光山等團體，都想替社會發展出一個主題，而開始從事醫療、學術等事業。心道師父則認為，不只要救人，更要救心。因為他對宗教的體驗十分圓滿，願意分享眾人、傳遞正信的宗教資訊。所以提出五大志業，不為宣教為人心，乃是要貢獻社會，結合文化、科技、藝術與傳播，甚至結合觀光休閒。

師父認為，新世紀來臨，佛學不只靠人去履行，更要靠媒體去經營。建博物館，可說是推動愛與和平的志業，與修行相輔相成。隨師父修行的信徒，也成立靈鷲山護法會，支持建館的志業。

師父向來愛好文物，緬甸文物台灣沒人比他多。但靈鷲山的聖山寺，因天候潮濕，不適合保存文物。至於如何保存呢？當初師父並無具體想法，可能是佛教資料館、文物館，甚至藝術館。

「當時林保堯教授帶我上山，跟師父談起，描述未來博物館的情境。師父的構想，從未聽人這樣說過，非常歡喜，邀我一起進行，那天我就說好。所以說，是我跟師父的一個承諾。」江教授笑說，當時地點、展品都未定，甚至還沒有界定它該是一個學校、或是典藏庫。他只說明，如何令觀眾產生特殊的經驗，師父對建館便有了信心。

創造美與感動交會之處

師父的理念，超越了當代的常識，他提出「宗教不限於佛教的觀點，而是一個普世的信仰」。一般宗教人士，總嫌其他宗教都是邪教。師父卻說：其實只要是正信，有善心，透過宗教反而彼此容易溝通，比信什麼還重要。江教授形容師父這種寬闊的胸懷：「其實已經不再只是宗教，而是一種思維。兼容並蓄，保存又展示，『博物館』這樣的容器就出來了。」

「大家對博物館的刻板印象，就是只有文物。但要有美跟感動，才有恆久的價值。跳脫文物的制約，而是進行宗教的性靈對話。」

當時江教授向師父描繪的，並非具體藍圖，而是感覺、經驗，彷彿無數劇場的串連。後來計畫在靈鷲山建戶外博物館，教授首先要求保存自然原貌，無論飛鳥、蝴蝶或獼猴，都還其生機。讓人從萬物生息中體驗宗教，從大自然的風聲、水聲，感受到神的存在，領悟祂隨時在照顧你。台灣固然沒有敦煌、龍門的巨佛勝景，但卻

可以從身邊隨處創造超脫的經驗。這正切合了心道師父不立文字、直指人心的精神。

但是山地取得不易,幸而吳家駒建築師引薦了國中同窗,邱澤東先生。聽說館址難覓,他竟慨然捐獻永和兩層大樓。雖然博物館最後選擇了位居鬧市、親近眾生;但文物的歷史潤澤,感人的力量,竟毫不遜於自然。

師父雅好印度教雕刻,例如印度的蛇神等,飽蘊深沈美感與洗鍊魅力。並蒐集原始基督教、東正教的吟唱讚美詩、聖壇三聯畫等;還有純樸的民間木雕;生命力強、不矯揉造作的原始宗教藝術;藏傳的金銅佛像、唐卡、佛器,收藏都相當可觀。甚至一般廿、卅多公分的藏杵,師父竟因機緣,得到長達一八六公分的稀世逸品。來源有拍賣行、骨董商及各方專家牽線,由江教授進行專業鑑定,評價是否合乎典藏政策、真偽及價格,一切難逃法眼。

江教授指出:在出家人當中,更為難得的是,心道師父也熱愛科技與傳播。早在當年,師父便開風氣之先,運用多媒體來宣講開悟,啟發群眾。所以博物館更積極引用先進科技,透過聲光效果、傳達精微複雜的理念,創造超脫俗慮的情境,經驗直見本性的終極追問。為師父不立文字的風格,下了最好的註腳。

天才相互激盪出火花

江教授提出規劃案,帶領館方展示研究規劃小組,一路作研究,完成了展示規劃綱要計劃書;並引進建築與景觀團隊,從中整合協調。

他形容博物館的設計,完全是集體創作。「最主要在過程,每個人都會提供點什麼。」他自始便帶大家激盪創意,團隊形成一個活力四射的有機體,把想法都丟出來,整理取捨,然後到處去找人看能否實行。

「每週都迸發出新的主題,」他笑道:「我喜歡的,就勸大家放在常設展;不喜歡的,勸阻放在特展。特展辦不辦是以後的事,但他們還是很高興。」這番睿智的包容,吸引了更多的智慧來參與。

有次對外辦徵文,已故作家林曜德投稿一幅沙漏式博物館圖,漏斗頂部是世界宗教的資訊,下端沈澱出宗教藝術、宗教經典等項目。構思精彩,可見公眾也以廣泛的期待與投入,來回應博物館的無私包容。

研發團隊從頭下苦功,完成緒論、主題、架構,幫助設計師理解博物館的用心。因為宗教必須要有生命真切的體驗,否則只是知識,無法打動人心。美國哈佛大學的蘇利文教授,接下規劃工作之後,便與師父展開了無數人文關懷與宗教情操的生命對話,從中不斷挖掘師父的意念,化為具體影像。江教授讚歎道:「能將宗教經驗最動人的部份,用展示手法呈現出來,這就不是一般專家可為,而是另一種博物學者了。」

江教授也推薦了奧若夫進行展示設計。他形容奧若夫對創作極端執拗,正是教授持續相激,棋逢敵手,召喚出他全力相搏的意志,往往提案時又已想出第二案,不斷

超越自己。而師父也是藝術家最好的朋友，不設底線的高度配合，縱容他不惜工本、也要精準貫徹意念。他得以大刀闊斧揮灑，線條越發簡淨純粹，達到不可思議的藝術高度。

空前的創作自由，讓這群國際頂尖的專業人才放手發揮，激盪出最完美的成果。正如江教授解釋博物館的角色，是新的資訊提供者，「不限於這些文物，而是擴大他的想像。建築分層像迷宮，可以隨興走進岐路，走這條路、走那條路，是完全不同的視覺經驗，出來以後，朋友互相交換：為何你的經驗和我不同？這樣觀眾便會來第二次。」自由的引導，永遠是最佳教育方式。

看似簡單流暢，卻是治學廣博、躬親實踐，才能成全這種洗鍊的自由。江教授卻謙稱：「不過是這樣想：假如你是觀眾，希望人家怎麼招呼你？」儘管他的才智聲名，從學術跨及建築、無所不包，卻都回歸到對人緻密的關照。

「館內各處的宗教主題都不同，但最重要是神在看著你，你有中心信仰。」十年的艱辛，歸結在俯身工地細察的一個動作上。只因為這裡將迎接千千萬萬人，從那門口走來；所以深夜他仍獨自在這裡，繼續為信仰而奉獻於每個微小細節，將自己活成了一則溫柔堅定的承諾。

大願
無懼無悔
資深館員范敏眞小姐

當人們極目眺望，只看見那漫長渺遠的路途；師父的眼光卻越過地平線，落在人所不能見的另一端，那裡是清涼寶地，婆娑世界。歷劫眾生，到此離苦得福。

十年前，世界宗教博物館，連一磚一瓦都還沒有。但師父已經看見了，它如今的璀璨高華。

前溯－漫漫修行路

長久以來，心道師父孜思結合科技與藝術，建立一處發信基地，來宣揚正確的宗教資訊。世人若能在此感受到宗教優美的情操，便不至落入迷信；宗教間的誤解、衝突，也得以化解。自此十年，追隨他的出家弟子及門徒，認同理念的各界人士，彼此串連成愛的網路，互相激盪，輝映成光。終於在二ＯＯ一年新世紀來臨之際，創建了這座世界宗教博物館。

當初夢想的發端，是在一九九一年。走出山林，靈鷲山訂立五大志業「社教，藝術，休憩，資訊，科技」，創設了「世界宗教資訊中心」，收集資料、虛心研究。但是，這些智慧要如何布施於眾生呢？在江韶瑩教授的建議下，決定以「博物館」的型態，來圓滿五大志業。

一九九四年，成立財團法人世界宗教博物館發展基金會，設址於台北市安和路。心道師父的出家弟子，釋了意法師，堅毅擔下這個重責大任。她擔任起執行長，展開漫漫十年的俗世修行。江韶瑩教授主持計畫，成立籌建小組。路途遙遠，考驗著每個人師法佛陀的心志。

大願無懼無悔

起初，館址訂在福隆的靈鷲山及臨近腹地。當時聽說，日本企業家有意在福岡建一座宗教博物館，小組立即前往參訪。不料對方因過程艱鉅、半途放棄。雖有失敗經驗在前，師父卻不因此而膽怯，反而堅定願心，邀請此行結識的日籍景觀建築師中村善一，在靈鷲山進行探勘調查、景觀規劃，完成報告。

別人看來是難關，師父卻總視為助力。於此，一切的障礙險阻，都是護持佛陀弟子修行的力量。

此時，靈鷲山也成立護法會，發起月捐一百元的勸募運動，來蓋世界宗教博物館。全台灣的信徒，都被師父的大願所鼓舞，熱情地到處宣揚理念、勸募，過程極其艱辛。雖然一開頭，每個人心存憂疑，不知道自己究竟能付出多少；但最終回頭一看，一路行來所奉獻的，總是比當初擁有的更多。

虛懷以待智者

靈鷲山廣大的山林土地，取得困難、費時，又受法規限制。受挫之際，基金會轉而先設立台北分館。未來靈鷲山上的博物館是本館，分館則作為資訊窗口。便邀請了呂理政顧問，構思博物館群的概念。

前期的籌備階段,小組不斷拜訪宗教學、博物館界的先進,召開諮詢會議、規劃委員會。學界如中研院院士李亦園教授、石磊教授、陸達誠教授、李豐楙教授、董芳苑教授、林保堯教授、王綠寶博士;博物館界如陳國寧教授、張譽騰博士、秦裕傑先生、周肇基博士、高振華先生、黃淑芳博士等飽學耆宿,都貢獻了豐富的經驗。

當眾人智慧凝聚之時,那交會的光芒,便為修行人照亮了前路。基金會從這些頂尖的才智之士身上,不斷地開闊視野,得到了正確的方針。

另一方面,也開始與國內宗教界交流,取得合作的共識。聘任日本久留米大學宗教研究教授安達義博,擔任籌備處主任,也是福岡參訪結下的佛緣。

台北館成形
一九九四年,透過靈鷲山護法會台北區執行長——吳家駒建築師的引薦,東家機構董事長邱澤東先生,來到靈鷲山,會見心道師父。

當時,邱先生正在規劃興建一間大型住商辦綜合大樓,位於北縣永和。由於喪妻之痛,及感佩心道師父淑世度眾的胸襟,邱先生慨然捐出該大樓二千餘坪的空間,供台北分館使用。

取得用地
一九九五年取得建照後簽約。至此,萬眾企盼的博物館用地,終於有了著落。該年十二月十七日,邀請了各界人士,包括當時的李登輝總統,參加博物館的動土大典,朝野共同來慶祝這件喜事。

一九九四年,籌備處遷至台北市南京東路,另聘當時任職華崗博物館館長陳國寧教授,擔任籌備處主任。聘任江韶瑩教授為執行顧問,積極為博物館的典藏,研究,展示,經營等計畫,招募人才、規劃建制。草創時期,事務繁雜,千頭萬緒,但在他們日夜努力之下,終於規模粗具。

典藏文物
許多信徒仰慕師父的理想,陸續送來珍藏的骨董,慷慨與天下人共享。因著這份感人的美意,文物收藏日漸增多,籌備處也建了新的文物庫房。又擬定典藏政策與作業辦法,以便維護初期居多的台灣民間信仰文物,明清古善書寶卷,藏傳佛教文物,緬甸佛教文物及東正教文物。

世界宗教文物,在台搜羅不易。遂由仰賴捐贈、向國內文物商採集,逐漸擴大為委託國外策展專家,參與國際文物拍賣會競標,也透過國際文物商去蒐集。懂得借重專業長才,博物館跨出國際的腳步,因此踏得越來越堅定、著實。

參訪博物館
在創辦人心道師父、執行長了意法師,及江韶瑩、呂理政兩位顧問的規劃下,籌備處參訪國內外各大博物館。希望汲取各方之特色,獲致國際性的視野。

風塵僕僕,籌備小組的足跡,踏遍了國內的故宮博物院、國立自然科學博物館、甚

至台灣民俗村、小人國等。一九九四年秋末，更遠赴西歐，參觀德國馬堡大學宗教系附設教學性博物館、英國聖蒙哥宗教生活與藝術博物館、大英博物館東方藝術館等，體驗各博物館對宗教主題的多元展示。

一九九五年，更遠至俄羅斯參觀多宮博物館、計劃興建的俄羅斯宗教歷史博物館，親身看遍以色列的猶太流離博物館、印度的巴哈伊教蓮花廟、美加地區的加拿大文明博物館、洛杉磯寬容博物館。而華盛頓的國立猶太浩劫紀念博物館，更真切見證了生命與歷史。全球博物館的精彩淋漓，感動了參訪小組，注定世界宗教博物館已無法走回平庸，而必須以更超越水準的表現，回應世界的呼喚。

見識各博物館收藏之豐，運用手法之純熟，在在令人驚歎。空間建築的磅礡震撼，燈光烘托情境的飽滿氛圍，與高科技多媒體的變幻效果，都吸引了觀眾好奇參與，互動學習。不言而喻，當場印證了心道師父結合科技與藝術的博物館理念。原來地球兩端、相隔雖遠，高超的思想卻不約而同、萬流歸宗。這項發現，鼓舞了眾人繼續努力：既然是一條值得走的路，就要堅持下去。

四年建館計劃

回國後，籌備處隨即訂出了四年建館計劃，便針對永和現址，開始規劃空間與展示。經過無數的腦力激盪，終於在江顧問的修整下，提出了「台北館展示大綱」，作為建館藍本。

大樓建築團隊包括吳家駒建築師、立面設計黃模春建築師、正弦機電顧問公司、復興營造，一起討論建築設備及機電。博物館鄰接太平洋百貨、辦公大樓、住宅群，為了彼此獨立、互不干擾，他們還得苦心擬定出系統使用原則，規劃大樓動線、管理問題。

博物館沒有入口？

初期的博物館，本來跟太平洋百貨共用六座室內電梯，都位在百貨公司內。向漢寶德教授請益時，他一語道破：這個動線缺憾，將嚴重影響未來博物館的經營。

「一座好的博物館，要有它的文化形象。世界各地的博物館，從入口到出口，都是一個整體的經營。宗博已經是在商業大樓與百貨公司樓上，如果連入口意象也沒有，進館的動線也被牽制了，觀眾上不來，怎麼感受得到館內的氣氛？」

漢教授提出改善方案，甚至希望能像龐畢度中心，運用大樓整面立面，建造一座觀眾只上不下的電扶梯。與建商、百貨多次協商，終於爭取到獨立的一樓門廳，兩座專用的電梯。兩個單位切清了動線，得以分別發展出經營特色。

緊接著，立面設計黃模春建築師也著手為緊鄰中山路一段這座寬一百二十七公尺的大樓進行立面設計。「你看，世界宗教博物館正如一朵紅塵俗世中清淨的蓮花，在百貨與商業文化中脫穎而出，我們要塑造的，就是這種意象。」在構思中，立面設計師同時考量太平洋百貨慣用白色外牆及強烈的燈光，他設定了博物館為中性的、柔和的，以銀灰色鋁板作為外牆，加上壯觀的黑珍珠花崗岩作為博物館入口門廳，在擾擠壅囂的街道上，巋然聳立。

展示工程啓動

另一項重要任務，就是尋找適合的展示設計師。人隨緣而遇合，宗博也期待這場邂逅的歡喜與圓滿。

國內各大博物館，執行國際徵選的經驗豐富。在這些老練的專家指導下，籌備處也向國際徵求設計公司。在三百多家公司競圖中，選出了前六名，包括英國、加拿大、美國等國的設計公司，請他們提出模型、規劃書，來台進行簡報。長久的期待，終於要成形了，大家興奮不安，就像孩子等著拆禮物：在各路英雄豪傑當中，會有一批天才，他們筆下將逐漸浮現出眾人夢想的藍圖。他們會給「尊重、包容、博愛」一個具體的空間形象。

宗博的評審委員團，可謂國際菁英濟濟一堂，不分膚色種族，同爲一個志業而奔走。包括前美國寬容博物館館長Gerald Margolis博士、英國聖蒙哥宗教藝術與生活博物館研究員 Dr. Mark O'Niel、張譽騰博士、黃淑芳博士，及本館江、呂兩位夙富聲望的顧問。

最後，由英國3D Concept公司取得設計合約。評審委員Margolis博士，任職寬容博物館館長時，曾與3D Concept 公司合作猶太浩劫展示廳，而獲聘爲宗博籌備處處長，與林明美副處長帶領研究員，與英國公司共同發展建館計劃。

但是，文化隔閡的阻力超乎預料，3D Concept 公司無法具體闡釋師父的理念，半年便結束合作關係。籌備處因此陷入谷底，經歷到最慘澹的時期。Margolis處長辭職，重返美國發展，研究人員紛紛掛冠求去。基金會也遭受莫大的流言侵襲，許多人藉機落井下石，斷定籌建博物館無望，應該另謀他途云云。

外界干擾頻繁，同仁也擔心工作被否定、理想頓時流產。沒想到，心道師父、了意法師，及江、呂兩位顧問，居然絲毫不爲所動。他們堅毅地站上新的起跑點，反過來不斷激勵同仁、再次出發。要用更大的寬容與信心，秉負千萬人託付的使命，尋找博物館的承建者，築夢的團隊。

訪賢不辭遠　接觸 RAA 公司

一九九七年，規劃小組林明美、賴貞如、范敏眞三人，臨危成軍，接下困頓停滯的任務。幸而江韶瑩、呂理政兩位顧問雪中送炭，向館方大力推薦紐約的RAA展示設計公司。他們與該公司合作過國立台灣史前文化博物館，咸信該公司負責人奧若夫先生的風格，最能切合心道師父的精神。

但是，師父曾經參觀過RAA公司設計的猶太浩劫博物館，他雖肯定奧若夫公司的國際設計水準，但認爲：「世界宗教博物館是喜悅的、激發人愛心與善心的。不要使人看後心生沈重。」爲進一步確認，了意法師、江韶瑩顧問、林明美、賴貞如等人赴美考察RAA公司的作品，包括國立猶太浩劫紀念博物館、新聞博物館、美國自然歷史博物館的生物演化廳。而瞭解到他們確能因應迥異的主題，而演出各種悲喜情緒，不一定是沈重感傷的。數人並且拜訪RAA公司，實際了解其工作流程，與奧若夫先生開始洽談此案。

記取過去與3D公司合作的教訓，這次考察團注意到兩個方面：設計師的溝通能力，以及承接工作的規模。3D公司缺乏活潑的想像力，難以將抽象點化為具體；奧若夫則靈思泉湧，對業主的構想，隨時都能以豐富的共鳴回應。3D公司是以英國工作室態，多數工作都必須外包；RAA公司當時則擁有六十多人編制，甚至為宗博館的案子，特聘研究人員，並由奧若夫先生親自指導，率領曾參與美國猶太浩劫紀念博物館籌建之專案經理伍戴碧女士（Deborah Wolff）、專案設計師 何莉莎女士（Elizabeth Cannel），張詩平先生（Simon Chang）等小組人員來詮釋奧若夫的想法，並由王德怡小姐（Joyce Wang）及其小組成員負責圖像設計及展示板規劃。

RAA公司的開放心態與完整團隊，頗獲館方的青睞。考察團回國後，決定與RAA公司合作。但奧若夫的內部主管們有另外的考量，紐約的律師們尤其著重合約著作權、設計經費的計價與審核程序等等問題，光是合約細節便談了一年多。

工程等設計－聲聲慢

一九九七年，宗博館大樓開始動工，夢想終於由平面而具體化了。先前顧問漢寶德教授為了博物館未來的營運面對的增設一樓電梯案，煞費思量。也催促RAA公司提出進一步構想。年底，吳家駒建築師便已公布最新大樓工程進度的時間表，預計年中追進到博物館六樓樓板工程。由於以十天完成一層樓板的速度，從地下五層樓起，一層一層不斷往上蓋，速度甚快；所以請館方若打算變更設計，就要趕快決定，告訴工程單位相關的需求，及早溝通。但是RAA公司仍然在構思規劃方案，令籌備處同仁個個心急如焚，倍感壓力。

一九九八年三月間，奧若夫終於攜帶設計師群及設計模型，親自來台說明。為了突破鬧區的嘈雜蕪亂，他的構想是：宗博館要做室內十米挑高，柱面上鐫刻經文，呈現神聖的宗教場域。由於經費不多，只有這樣最符合進度、預算，而且有特色。能讓觀者一眼就驚奇：原來都市叢林中，竟有如斯雄偉開闊的殿堂！

籌備處立刻召集顧問開會，討論奧若夫的構想；同時請教結構顧問曾慶正技師，此舉是否可行。曾顧問為人熱誠，到場測量計算之後，便主動與大樓結構技師磋商研究。明知這麼大膽的設計，很難過關；他仍出席結構審查會，爭取到最後一分鐘，方才放棄。

問題盤根錯節，時限也迫在眉睫，宗博館也必須儘快加入設計團隊，籌備處告訴奧若夫：建築工程正在快速進行中，請他務必及早來台簽約。

但奧若夫公司也堅持他的設計及對本案合作的看法，如雙方對合作沒有共識，簽約工作即可不必。雙方頓時又陷入了僵局。籌備處持續溝通，奧若夫又開始構思華嚴世界。此案在技術上可行，這下才有了真正的進展。八月四日來台簽約之後，隔天奧若夫便趕到工地現場勘查。雖然美方強調合約精神，但籌備處更相信：這不是靠著合約的牽制，而是彼此最大的信任，在互相展現最大誠意之下，解決危機。

雙方律師合作，由宗博館長年義務法律顧問劉興源律師運籌帷幄，及常在法律事務所的黃慶源律師代表RAA公司，議定完工時間表、預算等項目，在宗博館工作人員的協調下簽約。

激盪構思—創意蔓延到六樓

規劃初期十分重要，奧若夫親自參與，不斷請教心道師父所想要的感覺。他問師父：希望觀眾看完出來，留下什麼樣的感覺？師父回答：希望他們多了點愛心。於是奧若夫以「愛」與「二元論」的概念，規劃出黑白兩展示區。又取法修道院博物館的長廊，那份滌盡俗慮的美，而將館區入口劃爲朝聖步道。

由於經費有限，雙方努力在時間、預算之內完成。侷促的限制，令奧若夫深感難以施展，不滿先前的設計，又提出更多想法，希望有更大空間來表達完整的概念。

原本經費僅夠設計一個樓層的主要展示區，也就是七樓；而六樓預計作爲特展與教育空間。到了年底，奧若夫卻提出，希望一併規劃六樓，作爲展區。他覺得博物館當中，應該有人的生命、理想；所以想把六樓納入設計，成爲展示人類生命歷程的殿堂，生命之旅廳。

若是一般業主，聽到一定大爲頭痛，勸他不要再胡思亂想，趕進度要緊。但心道師父的原則，向來是「好的理念就去做」。他激賞這份才思，當下允諾，拍胸脯說：「錢我來想辦法。」藝術家有所堅持，才能成其鉅作；而業主所能回報的讚美，也就是竭盡全力、支持到底。

蘇利文博士貢獻珠玉智慧

除了預算短缺，接著立刻又面臨展示內容的問題。這方面，RAA初期提出的研究報告，學者評鑑認爲內容及考據均不夠紮實。因爲宗博館將是一所世界級的博物館，研究若未達水準，便會招致國際批評。館內又是多種宗教並列一堂，內容取捨、空間分配等等，都需要堅實的學術研究作爲後盾。

報告被打回票，RAA公司相當失望，繼續向哥倫比亞、史丹佛各大學尋求研究人才。既然如此，爲何不找學術重鎮的哈佛大學？師父十年來的弟子，比較宗教學者瑪莉亞哈比托博士（Dr. Maria Habito）便推薦了哈佛的舊識，蘇利文博士。由於心道師父曾赴哈佛大學演講，也曾與蘇利文博士見過面。他向來熱心支持宗博建館，動土典禮時，還主動來台關心。聽說宗博館的展示亟需良好研究作爲基礎，他欣然答應，提出「六顆寶石」的概念，來貫穿世界各宗教的共通之處。

蘇利文博士帶領哈佛世界宗教研究中心的學者，組成了哈佛研究團隊。他們了解心道師父「愛與和平」理念的骨架之後，用研究資料塡實血肉，交由RAA公司，設計具體展示內容。蘇利文博士的參與，抒解了奧若夫的膠著狀態，雙方不斷激盪，回應豐富設計師的構想；而設計師也放下身段，不吝於向研究者求助所需要的題材，文物，詮釋的精神。

組合團隊　進藏宗教文物

與RAA簽約後，籌備處找著了專案經理王春華先生，留學費城，專攻博物館展示設計，曾參與墾丁國立海洋生物博物館的監工，有國際合作經驗。了意法師囑咐他，一定要貢獻豐富的跨國專案管理經驗，將展示設計專案順利進展，並爲未來能找到合適的施作廠商作準備。他受命赴美，接洽許多家公司合作意願。另一方面，也與館員范敏眞透過與伍戴碧小姐洽談合作，雙方爲確定進度、分工，全天候不斷透過

電子郵件與電話反覆磋商。

一九九九年，爲充實研究人力，籌備處聘請洪莫愁博士、胡華眞小姐等多位學有專精的研究員，與學術顧問密切配合。在顧問們的指導下，多次進入國際拍賣場競標宗教典藏文物。同時也請奧若夫建議，設計上需要哪些展品。大家都有共識，宗教應是由古至今延綿不絕，亦是日常生活息息相關的一部分，所以典藏以適合實際展示者爲主。這方面也依賴蘇利文博士的諮詢，先告訴奧若夫：根據主題概念、內容發展，什麼位置該擺什麼樣的文物。

世界宗教取捨兩難

此時遇到的問題是，世界宗教展示大廳該陳列哪些宗教？該展示哪些文物？這些問題經常造成多元的爭議，例如西方一想到中國，總認爲都是「儒教」的信徒；但中國人並不認爲這是一種宗教。

最後以歷史悠久、影響最鉅，信仰人口眾多，選出世界八種主要宗教；另外兩區是原住民宗教（如馬雅宗教等）、古代宗教（如埃及、美索不達米亞等地的失傳宗教）的輪展。就這樣，歸納出全球十大宗教。

宗教既然博大精深，如何選擇切入表現的面向？研究人員訂出各區的特色，例如佛教的展示重點是佛陀的一生、諸神菩薩，各種儀式及經典等；伊斯蘭教以信徒日課的五功、古蘭經；印度教則注重史詩、儀式、舞蹈與恆河文化。呈現各宗教最眞實、獨特的一面。

安排展品也是一門學問，必須綜合歷史、考古、宗教與藝術等方面的深厚學養，才能游刃有餘。由哈佛團隊挑選館內現有館藏文物，不足的方面則建議補購。強調文物要呈現的眞、善、美，復原文物的傳統脈絡與神聖意義。如此串連出器物原有的故事，在觀者眼中鮮活躍然，才算有了生命。

接著要爲世界宗教大廳決定圖飾。在原本的設計當中，各區的前方地板，均精工嵌鑲一個圓形圖騰，代表各教的特色。但考慮到宗教圖騰象徵神聖，是否應改放在天花板，以免不愼踐踏？但這麼一來，就不容易看清楚細節、領會其意義了。左右爲難之下，最後決定，仍將圖騰安置在地板處，但選用較爲世俗的代表圖騰，緩和褻瀆的顧慮。

堅持展現台灣信仰活力

台灣宗教的展區，引起了長時間的爭論。衝突焦點在於，西方人並不認爲「台灣宗教」能夠算是一種宗教。這一點說明了，國際合作要突破多少艱難的文化障礙。其他博物館多半是呈現客觀的科學主題，較少爭論；但處理宗教這種人文的題材，仍難免處處需要充分溝通，化解隔閡。

館方堅持將台灣信仰列入展示，原因有三：第一，宗博館既然位於台灣，就應該讓台灣觀眾了解本地的宗教信仰特色；第二，世界各地宗教衝突頻傳，台灣各宗教卻能互相包容尊重，和平共存，對社會有莫大貢獻，值得紀念；第三，建館的無數贊助者，均是台灣民眾，飲水思源，自應表現出地方特色與親緣關係。

談到最終的目的，館方只是希望：未來觀眾走進宗博館，在異國陌生的神像間，也看得到親切熟悉的迎媽祖繞境、放天燈，而心生溫暖之感。畢竟在這塊乳養自己的土地上，還是本土的宗教活動，最能觸動人們的情感。

一九九九年七月，蘇利文博士帶領的哈佛宗教學研究中心，在華盛頓特區、費城、紐約、波士頓、芝加哥、舊金山等全美各地，召開六場宗教會議。邀請了宗教、博物館學界、藝術家，多方研討宗教內容如何經由博物館詮釋出來，而釐清館內展示的方向。九月間，館方邀請RAA公司團隊來台，召開第七場展示內容討論會，請到董芳苑教授、王綠寶博士、馬孝棋教長等專家學者與會，討論宗教呈現的原則，由蘇利文博士回美繼續研究、考量。展示除了各宗教的發展傳遞，也應該特別介紹「世界各宗教在台灣的現況」，讓世界宗教與本地環境產生更切身的連結。

「台灣人的信仰之美」便正式納入展示單元。該如何統整本地繁複的信仰生態、具體而微來呈現？這就見出學術研究的功力火侯了。一般若非專精東方研究的學者，便無法掌握全盤視野，要代表台灣，只會想到擺一張台灣地圖或模型，直接了當。呂理政顧問不循故徑，反而透過「人」的角度，去省視台灣信仰文化，抓出真正的重點。最後以「敬天・崇祖・感恩・福報・平安」五個標題，貫穿台灣民間信仰的共通特色，脈絡化、系統化地放進世界宗教展示大廳的敘事當中。

這時，心道師父恰巧獲贈許多特殊的宗教文物，例如天主教教宗的祝福狀、達賴喇嘛致贈象徵慈悲與智慧的杵與鈴等。因此發想，創設一處聖物展示區，讓觀眾同蒙祝福。這也是宗博館異於其他博物館、特別溫馨的地方。

影片讓博物館活起來

中期完成之後，與劉培森建築師事務所合作，為室內裝修等工程分配預算。從國內外廣泛尋找優質廠商，依設計與材料估價。六月間，了意法師、王春華與范敏真組團赴美，依據RAA公司的推薦，接觸毛貝展示製作公司（Maltbie Associate）、唐娜勞倫斯影片製作公司（Donna Lawrence Production）、ESI視聽系統公司（Electrosonic System Inc.），聽取簡報；並與美國紐約由周鍊先生所主持的Brandston Patnershp公司洽談燈光設計。

這些機構都是RAA的長期伙伴，合作過美國猶太浩劫紀念博物館、美國自然歷史博物館的生物演化廳等大型案子，默契與品質都十分出色。他們感動於宗教家救世的熱誠，用博物館的形式來表達理想，如此開闊的心胸，在這一行也是少見。

至此，宗博館又碰到另一種陌生的語言：影像思考。初次接觸，難免缺乏信心，只好就教專家。

唐娜勞倫斯公司的負責人，唐娜勞倫斯女士，在製作美國一座天主教附設博物館-信仰博物館(Faith Museum)的展示影片同時，三年來蒐集了大量的宗教資料、影片。她所製作的影片，善於詮釋感情，看過的人士都深受感動，讚不絕口。館員本身不熟悉影像思維，在這方面較缺乏專業眼光，勞倫斯卻告訴他們：「相信我，我做過信仰博物館以後，就體驗到更多了。」勉勵共事者一起從實踐中學習。

因此影片方面，國內便由歐特斯網路科技公司（AutoTools）與唐娜勞倫斯展開密切合作。

RAA帶領著唐娜勞倫斯，一起激盪出世界宗教展示大廳「電視塔」的構想。過去許多博物館只有用文物櫃、展示板、電腦和多媒體銀幕，來表現內涵；如今，世界宗教博物館又多了更活靈活現的視覺語彙。開拓了另一重表現的空間，大家興奮地討論，如何透過共通的元素，描述各宗教的異同。影片運用了地、火、風、水在各宗教中的角色，以高科技優美地闡釋人類文化的原型。

談宗教平等，無論如何排順序，都會造成不平等，運用相同的展示元素及多元的視像語言來呈現，就避免了輕重不均的問題。眾人的智慧，又漂亮解決了一個公認的難題。

工程發包　內外煎迫

同時工程發包也在緊鑼密鼓地進行中。由於經費頗鉅，RAA公司按照利益迴避的慣例，只提供圖則、施工規範，便交由業主發包。西元二〇〇〇年六月，籌備處大舉徵才，進補建築、內容、圖像方面的專業人員。每項外包工程，都特設專人應對負責。因為兩千多坪的工程，發包不易，確保品質與進度更是繁瑣困難。

館方另即聘請王維國經理參與工作團隊，他曾參與台北遠企大樓的工程計劃，大型工程的經驗相當豐富。

王春華、王維國、顯月法師、范敏眞四位組成專案小組，專責處理室內工程發包。為求專業，更邀請多年來參與協助的王明道、張國洋建築師，羅謀榮技師等多位傑出熱心的專業顧問，義務投入。館方面對的主要困難是台灣工程界陋習難改，積弊如山，綁標、放話等狀況不斷。心道法師聞訊非常憂慮，認為宗教界應該建立良好典範，指示全力防杜舞弊。為了落實此一指示，發包合約還列出特殊條款：任何廠商只要有人行賄，偷工減料、立即無條件解約，而且須負賠償責任。也多虧眾人集聚心力，審慎把關，讓宗博館在流言中傷的壓力下，能依舊根據經費和業績，嚴謹地甄選廠商，盡量求得圓滿。

該次徵選，裝修擬委由匯僑設計興業公司，機電交給裕健機電公司，空調由尚弘工程公司，燈光由金龍照明公司負責，國內首次施作的岡石地坪(Epoxy Terrazzo) 工程交由祥上公司施作。

奧若夫遠來關切

設計師奧若夫非常關心工程品質，不斷聯絡、請師父重視，甚至要求暫緩工程發包，愼定選擇包商。眾所周知，整合工程廠商非常不易，他關切博物館的人力是否有此專業能力，並且建議應有國際工程顧問管理公司負責接下來的工程執行，以確保國際品質。

十月間，奧若夫再度來到台北，找建築師、宗博館人員討論監造計畫。他要求面見心道法師，直接溝通。館方試著讓他了解，目前的團隊已經是最佳組合了。但奧若

夫率直地表示：此行並非前來聽取簡報，而是來表達深切的關心。於是，心道師父、了意法師向他說明案子的現況發展，候選人已寫清建造計畫，步驟詳實，相當可靠。奧若夫終於見識到國內的製造水準，將這份計畫帶回美國評估，彼此恢復信任，繼續合作。

十一月底，顯月法師、王春華、范敏眞三位赴美，整合各公司進度。唐娜勞倫斯的影片製作不受影響，仍然繼續，持續以三週多的時間談下幾支大型國際合約，工作流程大致底定。

年底，工程管理團隊進駐工地。國內工程整合完成，王維國出任工地經理，總掌所有相關事務。在建設公司交屋後，十二月五日舉行開工儀式，設立工務所。

工地現場每天狀況連連，不斷要去克服。近百個合約與諸多工種，眾人必須全心監督管理，可謂食少事繁，任重道遠。但他們仍然不負使命，在世界宗教博物館最後的關鍵階段，排除萬難，一定要贏得世界級品質的榮耀。

華嚴世界的球殼製作，是個大難題。原來是找國外公司訂造，但直徑八公尺的巨球，運輸倍增困擾。在另尋國內綠邦公司合作時，館方後來輾轉經人介紹，找到專精玻璃纖維的林宜信顧問、專精資訊的彭錦煌顧問，再加上曾慶正顧問的結構把關，終於順利達成這項世界首創的高難度任務。

同時，孫正國顧問全力投入，與國內歐特斯公司激盪多媒體與華嚴世界影片，創意淋漓。

歷盡人間艱辛　成就清涼淨土

二〇〇〇年，心道師父應邀赴南非開普敦演講，傳達各宗教和平共存的理念。二〇〇一年，他又參加聯合國世界宗教領袖和平高峰會議，將宗博館推動和平、化解衝突的長久努力，呈現在國際上。他並且號召發起「維護世界宗教古蹟委員會」，爲挽救遭受破壞的宗教聖地，拜訪戰火肆虐下的巴爾幹半島。當宗博館一行人，來到長年遭受宗教衝突浩劫的波士尼亞，當地的人們從來沒有見過東方法師，更爲師父和平的天籟訊息而感動。他們告訴訪問團：「你們推動宗教互相溝通了解，無論目的是否達成，都沒有關係。光是你們來到這裡，意義已經十分重大。」

經歷十年的努力，世界宗教博物館終於開館了，而開館後，另一個使命又將展開。「我們很清楚，博物館的硬體只是起步階段，最重要的是它的軟體，能傳遞博物館的精神。這才是生命交流當中最美好的事情！」只要未來世界上的紛爭不止息，有人在宗教爭端的鐵蹄下流淚嘆息，這尋求寬容互諒的任務，就一日不會停止。愛與和平，是宗博館永遠的使命！

設計大師的宗教精神

奧若夫先生

心道法師的願望，就是讓宗教理念貼近人心，所以館方找到了一位說故事的專家，奧若夫先生（Ralph Appelbaum）來設計展示。他匠心獨運的傑作，包括美國新聞博物館（Newseum, The Freedom Forum），紐約自然史博物館（American Museum of Natural History）的化石館、生物演化廳，華盛頓特區的浩劫博物館（The United States Holocaust Memorial Museum），以及國立台灣史前文化博物館的展示設計。

他任教於紐約大學等校近十年，在紐約所創立的 RAA 公司（Ralph Appelbaum Associates Inc.），為美國最大型的專業展示設計公司，贏得多項博物館展示、遊客中心設計之大獎。

他不只是設計師，更是有人文想法的詮釋者，致力於將展示的初步概念發展至展示最後的安裝階段的全部過程。總能讓無言的展品鮮活起來，娓娓道出一段憂歡歌哭的動人歷史。

這次，他更超越以往，將心道師父高度抽象的理念，具體演繹出來，鎔鑄為貼近每個人生命的視覺史詩。

從一個故事開始

奧若夫與心道師父同為性情中人，他們的溝通並不依賴理性直述；而常常是說個故事、讓你自己去體驗，反而更精準。一開始，奧若夫還未說明方案，反而先問館方同仁：如果你有一個大石頭、一堆小石頭，要放進容器裡，你會怎麼擺？

博物館執行顧問江韶瑩教授說：「你一聽就明白了，原來在他認為，博物館其實是個容器；原來他提出博物館要有主軸，就像要先放大石頭，再依序放上小石頭。」主題是兼容並蓄的華嚴精神，所以奧若夫想將兩層打通，開出磅礴氣象；卻因危害結構安全而取消。他又想在華嚴廳內裝設多層明鏡，表達華嚴經「寶珠無限交錯反映，重重影現，互顯互隱，重重無盡」的意境，也因民眾不易領會而作罷。

構思受挫停滯，幾經催促，奧若夫終於表達，希望宗教學界權威蘇利文博士（Dr. Lawrence E. Sullivan）能提供主軸概念。蘇利文博士找到六個主題「反射能力」、「觀」、「時間的流逝」、「行走」、「辯證」及「特殊能力」，作為詮釋世界宗教基石。

奧若夫終於找到了他的大石頭，喜出望外的是，這還是六顆心靈的寶石。一面參照館方的綱要計劃書，將全館規劃為朝聖步道、金色大廳、感恩紀念牆、世界宗教展示大廳、生命之旅廳，並讓「黑」宇宙創世廳，和「白」華嚴世界相互輝映。

煮一鍋融合美味的大雜燴

終於統整了這個龐雜的結構，奧若夫形容，就像是煮出了家鄉紐約的一道名菜「Salmagundi」：荷蘭移民拿碎牛肉、醃鯡魚、鰻魚燉洋蔥，再拌上檸檬汁和辣油，又鹹又辣。完全不搭軋的材料，卻組成了難以想像的好滋味。

這道移民食譜，象徵格格不入的異鄉人，終於融合、造就璀璨的多元文化。百年前，紐約藝術家組成的俱樂部，就以這道菜為名，至今還是藝術家團結合作的據點。「可能荷蘭據台時期，台灣也有人這麼吃吧！」奧若夫開玩笑說。

世界宗教博物館，正是多樣融合為一，合一卻不泯滅個別，反倒互相彰顯。奧若夫說，師父就是主廚，帶領各方專家發揮才智，才能煮出這鍋創造性的美食。

他進一步引申道：食物之於身體，就像宗教之於靈魂，兩者在人生的階段儀式中，都扮演了重要的角色。分享食物，使人類獲得淨化、關係更緊密相繫。「在英文

裡，要形容友誼，我們說『朋友』就是一同分享麵包的人。」但願在博物館裡，宗教也能同樣餵飽無數飢渴的靈魂。

讓展品說出自己的動人故事

奧若夫年輕時，曾經參加和平團，到秘魯擔任義工。當時，他眼看印地安朋友手製的器物被輾轉變賣，最後流落到博物館冷硬隔絕的櫥窗內。原本充滿感情、信仰的先民手澤，卻被剝奪了獨特的脈絡歷史，逐漸殭死，再也沒有誰明白，它所蘊藏令人喜悅、心酸的老故事。

多少年後，他自己也投身於設計博物館。涉入越深，他越發領會到一份悲哀：博物館常常是將各地的寶物收攏過來，卻把它們全都變成失去意義的垃圾。無法讓觀者體會，器物之上所發生的過去，也無從描繪一份未來。

於是他決定，博物館要跟當下接軌，走向那些從不看博物館的民眾，無畏地揭露爭議性的主題，即使是「宗教多樣性」這種足以觸及每種宗教的重量議題。因此，他毅然接下了心道師父這份艱難的建館志業。

既然電影的虛構，已經感動了全球無數人，為什麼博物館的真實，反而不敢用生動的劇情來吸引訪客？他相信，博物館正是要創造撼人的真實體驗，直指人心，從逼問你生命的本質，歸結到價值的終極關懷。

所以，他將展覽設計為提供各種觀點的場所，讓觀者瞭解衝突，同時尋求交集。不下定論，而是持續對話，鼓勵批判性的思考，讓生命不止於隨波逐流的迷信，而透過獨立思考來追尋定向。這也就是心道師父以提倡正信來救心的悲願。

二十一世紀全球化的趨勢下，全世界人們的命運休戚與共，國際間因此展開政經、學術等合作；世界宗教博物館則將在各宗教之間，提供開放對話的可能。而博物館本身，也能讓訪客由讚歎而打破沈默隔閡、開始交談，發現自己原來也能對陌生人敞開心胸。把這裡當作起點，走進友善的世界，創造愛與和平的願景。

展現心靈的透鏡

世界宗教博物館

戴特夫（RAA展示設計公司負責人）

能夠有機會與心道法師攜手合作，並協助達成他非凡的任務——成立一座以傳達和平與愛的訊息為基礎的博物館，是一件榮幸之至的事。

年復一年，數以百萬計的訪客將來到這裡，聽見師父的召喚：結合靈性協力創造一個更美更好的世界。對於世上豐富多樣的精神傳統，每個人都可以獲得更為深入的瞭解；並經由新獲得的認知覺察，稱頌始自創世之初的宗教儀式的重要性。

著手進行世界宗教博物館的展示設計，對於我們工作團隊中的建築師、設計師、以及撰稿人而言，都是一項特別的挑戰。這些年來，我們有幸參與了許多不同類型的博物館工作案——歷史、藝術、文化、科學、以及科技類的博物館設計。這些都是具有強烈社會使命的場所，有著育樂以及促進社會交流的意義，而後者也是最為重要的。但是世界宗教博物館的設計不僅止於此，它必須要超越感官與知能的世界，幫助人們理解靈性的領域。這是一個新的向度，也需要一種新的設計方式與途徑。

二十一世紀的博物館

在許多方面來說，創立世界宗教博物館，是許多漫長又相互糾纏的行旅之終極點。對於身為博物館設計者的我們而言，引領著我們一路行來的，是心道師父的傳記、他的心靈之旅、以及他慷慨地與我們分享的智慧。這特別而珍貴的經驗，也讓師父強烈的觀想願景以及企圖心傾注於博物館之中。

但在敘述這個彌足珍貴的合作之前，我想對博物館全面整體地作一段簡短的討論。因為在過去的數十年，博物館經歷了許多深遠的改變，其中也包含著另一段發現之旅；這也許能助我說明我們對展示規劃的設計哲學與方法。

直至最近，博物館都僅只是一座存放貴重物件的大倉庫而已。它是一個呈現過往證據的場所；但沒有舊時的故事，也沒有對未來的思考與企圖。當我還是個年輕的和平工作隊義工，例如當我與祕魯的印地安人一同共事的時候，我便見識到原住民如何製作出美麗的文物，而後這些文物被賣給居間的文物商，最終成為博物館的典藏品，其功能一如被儲備的物品。製作這些美麗文物的所謂傳統以及精神的信仰——也就是其中的故事，卻被剝奪、去除了。造訪博物館的人們也從未有機會得知眼前文物背後動人心弦的故事。我深深覺得，博物館失去了一個偉大的機會，它們忽略了其典藏文物最珍貴的部分，也就是這些典藏文物被創作時最初的故事。

從那時起，一種新的思維注入了博物館界，活潑地重新定義了博物館的使命、目的，以及社會角色。相較於過去的博物館被視為乏味的儲藏室，現在的博物館已更為開放包容。博物館伸展雙臂迎接更多的觀眾，甚至是那些從未踏入博物館的人們。也不再畏懼處理困難或具爭議性的主題。較諸於傳統的博物館，現在的博物館有著更多的面貌與向度，成為一個得以激發創新意想的場所。

故事講述

「表達的藝術」，便是從這些醞釀激發中發展出來的新意之一；簡而言之，就是說故事——以這種方式使得主題事件生動有趣，吸引訪客的興趣、激發其好奇心。這種進行展示計畫的方式與途徑，也正是我們設計哲學的中心。

這種博物館授權指定的、獨特的說故事方式的確重要，應被詳述：它必須極度地真實，直至我們的研究與自覺能容許的極限。這種故事講述的方式迥異於我們獲自流行傳媒的虛構情節。資訊年代和它令人目不暇給的科技，已帶給我們一個虛構的真實，而那似乎又經常取代真正的真實。美國的民眾以及全世界的人，都在追尋能夠

讓人對眞理以及生命的意義有更深入了解的經驗。而今天的博物館正是創造這種敘事性經驗的理想場所 — 震撼人心的、戲劇性的，以及以眞實爲基礎的經驗，這同時也是倫理與價值討論的入口起點。

當我們規劃一個展示，我們開放包容不同觀點的敘述，承認種種的衝突但也總尋求交集之處。多樣的觀點描繪出詮釋說明的相關本質。對訪客展現出或許成立的許多可能的意義；沒有定論，寧可是一種持續的對話。這種方式鼓勵人們對歷史、文化、藝術、與科學進行精密且解析的思考，並了解這些養成訓練的學習，有助於明瞭我們自身的生命本質。

如同連結點的故事

我們也曾發覺，那些最具力量的故事，也就是對訪客最有助益的，展現了跨越知識、傳統，以及信仰等領域的連結關係。在二十一世紀，展示設計被用於協助人們明白這些連結的關係，進而能見到更大的整體狀況，並將事物以史無前例的方式結合在一起。這種吻合、互聯、理解的過程，也就是整體契合於一處的法則，確是振奮人心。以位在紐約市的美國自然史博物館爲例，我們的工作團隊創造了一個生物多樣性的展示，稱爲「生命的光譜」。這個展示的特色是將地球上一千五百種生物聚集於一處，如同一個擴大延展的生物家族，每一種生物都美麗優雅地站在屬於自己的位置。而當所有的生物被視爲一個整體，又形成一種壯麗的、來自地球的生命呼喚；但因爲在數量與多樣性上是如此的豐富美妙，也成爲一種靈性生命的呼喚。是以當我們後來聽到心道師父關於宇宙間「無數事物」，以及有關慈悲憐憫的談話：「了解到人我之間沒有疆界」，生命的光譜展示對我們而言，有了更新一層的意義。

今日，大家逐漸了解到，除國家衝突之外，我們和所有的生物，終究分享一個共同的存在和命運。我們的世界被新型科技所連結，它讓我們能夠在一天之內飛到任何一個地方，且同時與任何一個人，任何一個地方溝通。不再因空間和時間的距離而分開，不同民族的人能夠相遇，分享想法並試著互相了解。他們純粹地互相好奇，並發掘所有的共通點。這個開展的連結已經導致經濟上、科學上和政府之間的合作。不同的宗教信仰團體也聯合在一起，以促進更好的溝通，且爲世界上生命的改善訂定更好的策略。世界宗教博物館將扮演這個新世界秩序的有形化身，並爲展覽和對話提供一個活潑的地點。

今日的博物館是最重要的聚合場地，在此，國際人士能夠探索並交流所有的知識及資訊。人們身處於這些雄偉的空間之中，與之感應、唱合，也被以一種尊貴恭崇的方式禮遇對待。當一個展覽能將一項文化遺產清楚展現、或將一道科學原理深入淺出地闡釋，我們正鼓勵著一種讓全然陌生的人互相敬佩、交談的社交形式。每一個展示案都成爲一個協助釋放人性本質中靈性胸襟的機會。

以宇宙作爲前後關聯

我們的小型、互相關聯的世界延伸到宇宙，而我們也親密地被連結。例如，在我們爲美國自然史博物館所創造的新天文館，描述了宇宙的形成是源於一百三十億年前「大爆炸」，被推入宇宙的物質形成了星球。每一個星球以及宇宙間每一個生物都是肇因於這個事件，包括人類用以思索的智力以及我們在宇宙中棲身的地球。

如同天文館的研究員告訴我們的，我們都是「類似星球一般的物體」。數十億年前一個物質無限密集的獨立單元發生爆炸，我們皆是由這一單元彈射出來的。我們從何而來的這個故事，和宇宙之單一的狀態，似乎在告訴我們，即使這世界上的宗教、文化和國家廣闊的多樣性，所有在我們這個星球上的生命，都是一個與全地球有關的家庭的一部份。人們愈來愈了解，我們這個擴張的宇宙，必須伴隨著一個擴張的道德力量，如同心道法師所說的，那將會創造和平與愛的一致願景。

心靈的透鏡

在天文館，我們透過科學之眼注視宇宙，藉著強而有力的光學設備和望遠鏡來協助。但是對於世界宗教博物館而言，我們則是透過心靈的透鏡來注視宇宙和所有生命。我們知道華嚴經傳達了一種新的「觀看」方式。經文說明了佛陀的靈光照進黑暗遍及整個宇宙，而能夠看得見無限的世界。這種觀看方式，改變了觀看者，並融合了觀看者以及被觀看的事物。如同在珠玉之網中，每一個網線的交結處都被飾以寶石，每一塊寶石都反映著其他寶石的光芒，我們最深的底層都被連結在一起。即使並非完全相同，我們也相當類似。

開始我們的工作時，就像Sudhana，我們感覺到我們都在一段漫長的發現之旅上，試著進入「真理之境」。追隨心道法師的智慧，我們逐漸找到我們的道路，就如同Sudhana跟隨著沿著他的路途發亮的珠寶。為了獲得這個案子的真正理義與感覺，我們必須成為學生，並使我們融入這個主題事件，透過傾聽、學習、嘗試和錯誤的過程，找到我們的道路。我們將自己當作訪客，將自身的學習經驗做為讓他人跟隨的地圖。心道法師協助我們規劃出展示計畫的雛型，帶領訪客步上相似的旅程，並認知了解其中的意義。

展示路徑

這個展示變成沿著小徑閃耀的寶石，讓訪客遊走漫步其中，最後並被引導經歷某些特定的體驗。在宇宙創世廳，一個十分鐘的節目，透過創造和毀壞的循環，帶領觀看者踏上一段情感澎湃的行旅。他們以全球和宇宙的層次來看待宗教。接著透過生命的幾個階段的呈現，更顯個人化的旅程—從出生到青春期，經過有婚姻和家庭的成年生命，到老年、死亡及死後。沿著這條路途的每一個範圍，都展出全世界的宗教傳統都採用為生命歷程留下紀錄的多采多姿的儀式與慶典。同時，這些區域也為即便信仰不同，但因著生命的循環，我們是如何被聯繫在一起，提供了一個清晰明白的見地。

生命覺醒區介紹來自不同信仰的人，敘述他們靈性覺醒的重要時刻。訪客也能進入一個公共的靈修學習區，透過媒體的示範以及一旁的展示說明看板，學習心神專注的方式。

在華嚴世界，訪客上升進入珠玉之網，被一個被創造出投影著文字與影像的流轉球形組陣環繞著。由訪客自己控制文字和形象：藉由文字、聲音，與影像來觸發事件與運作形式，來體驗環繞於我們週遭，由我們所共享的這張靈性價值之網。

在世界宗教展示大廳，透過歷史、發展、儀式、組織，和曆書探索十個傳統。世界

宗教展示大廳兩側的兩個大型展示櫃，構築出巧妙平行且互映的弧線，環繞著展示的空間並展現著文物與藝術品，這些工藝美術的文物，爲與宗教傳統相關的儀式提供了美麗眞實的向度。這些特意取得的宗教文化範例將會如同懸垂的寶石一般奪目地展現。介紹十個宗教傳統習俗的電視塔高三百二十五公分，播放特別訂製的影片節目，將爲訪客提供對宗教的儀式、節慶、聖地、以及建築特徵與標識物等生動的描寫詳介。藉由固定時刻的影像情節段落，這十座電視塔將十個宗教傳統以共通的宗教元素連結在一起，這些元素在不同的信仰中被以不同的方式使用，例如水與火。幾年後展示的文物將做輪替與新增，年復一年，整個區域將會隨著其他宗教傳統的故事來更新。

世界宗教展示大廳的另外兩端有兩個特別的展覽。由宇宙創世廳的黑玻璃牆框架構築而成的「臺灣宗教區」，重點放在台灣民俗宗教的藏品。而高貴的宗教人士與團體致贈師父與博物館的宗教聖物展示，則有華嚴世界發亮球體做爲戲劇性的背景。

涵蓋全館的意圖，是將博物館的參觀行程成爲一段靈性的行旅，使得訪客成爲博物館的一部分，去探索各式各樣的展示，但也讓訪客們探查、發現、反映，甚或學習到一種新的「觀看」方式來面對他們自己以及其他的參觀者。在博物館中，人們感到安全與舒適，是以一些極爲美麗的肢體語言也在此得見。這些舉止不同於你在其他公共場合見到的那般急促與無意；而是仔細的考慮與沉思。一個展示就像是一個有力的集點，逼現出一個清明澄澈的時刻，來傳達一種強勢（或許是迂迴間接的）的倫理與道德的衝擊，使得人們對異己更有同情心，更有包容力，也有更多的體諒與了解。

愛與和平

在二十一世紀初，這座博物館反映了最現代的博物館設計方式。在創造博物館的展示機能與效果時，我們運用了非常多樣的設計工具；特殊照明與音效，最先進的資訊科技，電腦軟體，互動節目，以及工具戲劇性的建築環境。這些極爲重要，使得博物館能夠超越傳統文物的展示，而進入觀念、甚或靈性轉換的境界。但對於一個成功的展覽而言，最重要的元素是故事本身，一個使主題事物生動的敘述，並能抓住訪客的想像力。在這個博物館裡，我們有一個人所能想到的最好的故事 ── 人類對於眞理、和平、愛的追尋。

我們向心道法師及世界宗教博物館獻上最深忱的心意。對於這樣一個具靈性又具啓發性的壯志理想而言，這個新降臨的千禧年無疑帶來一個非凡的機會。我們身處於一個大變遷和有著各種可能性的年代。今天人們更以地球、宇宙的角度來看事情。人們正重新思考他們有關生命的基本假設，並追尋心靈價值，而那將支持他們度過高低潮。人們成爲追尋和平與愛、包容與寬大、了解與智慧的追尋者。世界宗教博物館率直有力的反映出這些觀念與想法，並幫助人們，依循靈性的道路至更深的認知層次，確定己身的方向。如同心道法師曾經說過：「如果我們不了解生命的去來，我們就不清楚未來的方向。」（此爲中文譯稿；作者英文原稿請參照【附錄-原文】）

達摩東來
珠玉開悟

蘇利文博士

他在每個人的手心，撒了一把種籽，說：「師父要的世界宗教博物館，就在這裡。」大家從此領略到，世界宗教博物館正是「一即一切、一切即一」，既要包容萬有於一，整體也蘊含無窮變化。

這種禪宗開悟的手法，應該是在松濤古剎之中，由老僧來點化廊下掃苔的小沙彌。但是，主角講的竟然是英語。地點是在RAA公司的會議室裡，大師是位吃甜甜圈、喝可樂的美國人——哈佛大學的蘇利文博士（Dr. Lawrence E. Sullivan）。他正透過淺近的譬喻，跟RAA公司的設計師群溝通。這真是令人無法想像。

在包羅萬象的宗博館裡，什麼樣的遇合，都可能發生。

交會時互放的光亮

一九九五年，心道法師應邀赴哈佛大學演講，邂逅了該校的宗教學權威，蘇利文博士。他是哈佛大學世界宗教研究中心的主任，編輯十六輯巨著《宗教百科全書》，曾獲美國圖書館協會霍金斯獎（Hawkins）及達茂獎章（Dartmouth Medal）。在由八千所北美大專院校教師組成的「美國宗教學會」擔任會長，對於世界各宗教的豐富學養，首屈一指。他親身遍訪世界各國，體驗到不同種族文化，與宗教間息息相關的生命互動。

返國之後，師父構思擘畫宗博，蘇利文博士繼續皓首窮經的學術生涯，看來，這地球兩端，從此已無交會。

佛陀拈花微笑，只因世人都不知緣分前定。當宗博館舉行動土典禮時，蘇利文博士聞訊，竟然主動來到台北，關心館藏的呈現。所以，日後當宗博館需要國際水準的宗教研究，上下求索、苦思無解時，終於記起了這段夙緣。籌備處便邀請蘇利文博士，為宗博設計展示內容、做研究，他欣然應允。一條看似已經消失的細線，又重新將兩邊拉了起來。

治學嚴謹　四海求知

蘇利文博士帶領哈佛宗教學研究中心，與宗博館合作，在紐約、舊金山等全美各地，召開六場宗教會議。邀請了宗教、博物館學界、藝術家，多方研討館內展示的方向。第七場會議在台北召開，也廣邀國內專家學者，繼續討論。不辭千里，廣納眾議，等於將國內外的相關人才，都編入宗博的智慧之網當中。

接下研究重任以後，他也招募博士班以上的助理，來研究不同的宗教。例如道教方面找中國留學生，也是一位哈佛講師，來擔任研究員。伊斯蘭教並不限於阿拉伯人，也聘了馬來人研究。印度教部分，他便請該教的女學生執行。印度教的靈修，是透過舞蹈來進行，所以研究者本身也是舞者。他們不只是研修宗教，本身也是實踐者。甚至找了懂藏語的人，來解釋西藏經文，深怕非英語系的知識，在翻譯過程中被忽略。細緻的學術關懷，實屬罕有。

珠玉之網　相連到天邊

最初，博士對宗博館的展示，提出三個要求：遵循師父的教導，符於整合世界宗教的主題，以及配合館內建築空間。可說是提綱挈領的動作。他帶領的研究團隊，隨

即深入挖掘師父的想法，碰撞出生命的對話，轉化爲可呈現的具體內容。不只是文字資料的展示，且是影像和動態。他不斷思考，這個主題跟人、民族、文化如何連結。一邊了解展示的語彙、手法，而提出了六個主題，作爲展示詮釋世界宗教的基石：

反射的能力 Reflexivity

這既是反射其他反射狀態的能力，也是從他物反省自身的能力，是所有宗教共通的精髓。《華嚴經》談到珠玉互相輝映，每塊寶石反射對方反射的光芒，而至無限。所以展示應該讓民眾瞭解，收藏器物反映各種時空文化角度的「反射樣貌」；也要跟參觀者產生心靈的互動、改變。

觀 Seeing

境隨心轉，以新的眼界來觀看事物，就能改變內心對於世間萬物的感受，並融合人我、消弭界限。人們藉由宗教力量，能看見內心的主觀影像，如佛光普照，或先知苦修見到異象。所以展示也必須突顯出，看似平凡的器物、所具備特殊神聖的宗教意義，啓發觀眾，獲得更多不同層次的「觀」。

時間的流逝 Passing Time

宗博館以三種尺度，來強調時間感：1.各宗教從創世到毀滅的宇宙觀。2.歷史上各宗教的演進。3.宗教經驗中，個人的生命史。宗博館要利用世界各宗教之眼，讓觀眾透過這由大而小三個層次，觀看時間洪流中的存在。

行走 Walking

行走就是朝聖、尋求眞理，是肉體與精神性的行動。就像每個宗教常要修行者練習「行走」，宗博館應教導觀眾，有意識地行走：從察覺行走經驗的細節，意識到本身的作爲；並重視進入每個境地，得到的獨特啓發。由此感受每個展示區的智慧，每個宗教的精髓，而這些境界也能會通、互惜。

辯證 Dialectic

意即「二元」及「一元」，表示相互關係中的張力及迴響。宗教強調善/惡、神/人、陰/陽等二元性，其實都是兩面一體，二而一、一而二的。宗博館的設計，也要呈現這種相互對稱、呼應的關係。

特殊的能力 Enchantment

這是指能夠引發或表達宗教教義的聲音。許多宗教中，聲音都很重要，例如儀式音樂。《華嚴經》說：「佛陀的一個聲音中包含了無限的聲音。」表示神有藉發聲來造物的特殊能力，各宗教的誦經、禱告，都帶有安定、治癒等的能量，可說是人類也用聽覺來接觸神祇。所以宗博館應重視聽覺安排，及其他感官刺激，並善加解釋這些聲音。

這六塊寶石，就在館內的區劃設計當中成形，經由細緻安排而實現了。從沒有一個博物館的空間像這樣，從大到小、每一處設計都從人文精神出發，蘊含深遠的宗教意涵。這就是蘇利文博士，一位藏身學院象牙塔，卻有著人間情懷的睿智長者。

佛陀
爲我監工

顯月法師

世界宗教博物館的創建，改變了許多人。一位原本出世自在的修行人，卻爲佛陀甘願投入陌生的工程協調職務，縱身於周遭世俗人貪嗔癡怨的大考驗。

柔和忍辱

「也許是機緣吧。」二〇〇〇年八月起，她擔任宗博館工程專案主持人，帶領龐大的工程團隊。昔日在深山梵唱中清心修佛，只有暮鼓晨鐘，鳥啼山嵐環繞；如今卻是案牘勞形，埋首研究設計圖、標單、合約，鎮日穿梭在橫豎直戳的鋼筋、漫空咳嗆的水泥粉塵間。

困居大樓工地，不停接手機、批文件，出家人可能覺得她不像出家人了，而工程師也覺得她不像工程師。工程包商、技師，在折衝協商間，難免質疑她毫無工程背景，如何服人？

顯月法師淡淡地說：「只因爲是法師的身份，才必須要領導眾人，承接靈鷲山賦予的使命。」即使飽受猜疑，委屈也只能往肚子裡吞。歷經年餘的歷練，她已經煥發出新的自信，道出處理原則：「心頭捉乎在（台諺）、立場穩，問心無愧，做出正確的抉擇。」

疲勞消耗

工程從設計、發包、議價、施工到完工，每個階段都是無比疲勞的一場混戰，以爲現在已經夠慘，意想不到的地方卻又出了狀況。她每天都很辛苦地平衡預算、進度跟品質，告訴自己：每個決定都要負因果責任的。

原本是個門外漢，只能戰戰兢兢、邊做邊學，不斷諮詢王明道、張國洋、彭錦煌、曾慶正、林宜信等優秀的專業顧問。期許靠著用心，勤能補拙，將一切做到最好。

偏偏宗博館幾乎每種設計都是創新技術，有一堆困難要突破。顯月法師忙碌到深夜，頭頂上壓著一大堆工事煩惱入睡；隔天一早到工地，又有一堆新問題迎面襲來。以前她總覺得：天塌下來，還有高個子頂著；但如今才體認到，什麼是真正的面對問題、解決問題。

堅毅執著

顯月法師表示，發現問題需要一點直覺，但解決問題則需要很大的福報與智慧。幸得佛菩薩的加持，終究能化危機爲轉機！

例如鋪設地坪時，因爲地板含水量太高、無法施工，結果完全停工，所有人都快崩潰了。內部團隊、設計公司及廠商各持己見，壓力針對她、不斷加劇；後來幾經幹

旋，研擬出對策，工程終於再開。原來，監督工程的不是顯月法師自己，卻是慈悲的佛祖，在背後護持。

華嚴世界是全館的精髓，也是心道法師理念的實現。為了貫徹設計理念，必須研發相應的特殊建造工法來配合，換句話說便是難如登天。看到設計圖和要求，所有師傅都會告訴你：「沒有人做過！」「這個做不出來啦！沒有這種的，太亂來了！」要她一定得修改設計，來遷就現有的技術。

但顯月師卻一步一步，把沒有人看過的巨大球體盯出來。說「盯」真是一點都不假，當時玻璃纖維工廠準備鑄模，花了十幾個鐘頭做準備；顯月法師也親身到場，眼看著幾個小時過去，國內史無前例的第一座半透明光球，終於脫模、一次成功！那一刻真是悲喜交加，令人嗑淚微笑。

破除萬難

如何讓球體懸空？如何讓球殼發光？如何讓球形銀幕的影像、內外都能看得見？又如何在狹小的空間裝入機電、空調、燈具、資訊等設備？為了兼顧結構安全、消防法規、完美外觀和後續維護，大家開會百餘次，傷透了腦筋，工程困難才能一件一件解決。

即使事務繁瑣，工程介面整合困難，但顯月法師秉其韌性，認真到底，大無畏地解決每一椿難題。顯月法師表示：問題前仆後繼而來，但只要有決心突破，沒有什麼事情解決不了！

如此一個氣魄萬千的出家人，談到工程進度的順利，卻謙和一笑，說：「是工程團隊每一個人的辛苦換來的，感謝他們的幫忙與協助。」

一年的歷練下來，顯月法師覺得智慧增進不少，大開眼界。或許這一場紛擾忙亂，也是佛陀開示的一種法門。「宗博館若只是用負責任的心來興建，充其量，只是一座硬梆梆的建築而已；但若賦予愛心，那它就是一座有靈性的博物館了。見證了宗博館整個施工過程，我可以很驕傲地向世人表示，宗博館絕對是一座有靈性的博物館。」當觀眾走進宗博館，應當記取，腳下踏的、壁間扶摸的，也都是顯月法師的愛心，將眾人結合為一。

宗博館改變了顯月法師，將她從一個心思簡淨的出家人，轉為真實精進的護法金剛，紅塵說法，眾生當側耳而聽。將來宗博館還要改變更多的人，將更大的領悟與歡欣，帶進他們的生命。

悲劇中的
安慰

與世界宗教博物館合作，來滿足心裡對於這些古老傳統、他們的根源，以及如何實踐的好奇心，我是多麼地開心啊！宗博館的使命是讓人們可以互相尊重，如果能實現，那世界該有多美好！我相信這是所有人最期望的。要解決不同文化的衝突、國與國的戰爭，也只有透過互相尊重了。所以RAA公司與我接觸世界宗教博物館的案子，我及其他夥伴們，立刻便栽進這個計劃中。

隨著計劃的開展，我們的靈感源源不絕、奔湧而出。一開始，RAA的設計就讓人嚇一跳，美得高貴脫俗；他們運用媒體更是用得畫龍點睛，精彩又生動。例如在世界宗教展示大廳，奧若夫運用好幾座巨大的電視牆，來表現十種宗教。這個想法本身就很震撼，進行世界宗教展示大廳的工作時，我跟我們公司的製作總監約翰莫非（John Murphy）先生，都覺得這個創意很有潛力，可以引發出更多應用上的效果。

例如，設計大廳的音效時，我們發現：各宗教有些音樂，其實可以同時播放，各具特色、卻能和諧共鳴，例如佛教、基督宗教、猶太教，以及其他的信仰。這就像生活一樣親切，像呼吸一樣自然，也像象徵一樣深奧——這就是心道法師的智慧，和奧若夫設計的遠見。

與哈佛大學世界宗教研究中心蘇利文博士合作，更是榮幸。在蘇利文博士的領導下，我們拍攝了一齣介紹宇宙起源的影片，在宇宙創世廳播映。跟他共事，讓我們

有機會一探人類信仰的源頭。這部影片詮釋得這麼詩意、豐富，全在於蘇利文博士慷慨分享，帶領我們進入這個奇妙的領域。

最後，能與心道師父、了意法師，還有宗博館的夥伴們密切合作，是對我們生命最美的祝福。拋開語言文化的隔閡，心道師父對我們的期許十分清楚、豐富，指引我們前行。

我們有些工作夥伴，雖沒能親眼看到心道師父及宗博團隊；但已經因為參與宗博館而視野開闊，也深受和平理念的感動。尤其回顧前幾個月的慘劇，我們難過之餘，更感受到心道師父和宗博館的理念、有多麼深刻重要。這是永遠的。雖然工作結束了，我們永遠都會記得，曾有機會貢獻一己之心力，成就這座美好的博物館。我們深深感謝。

真的謝謝！
(此為中文譯稿；作者英文原稿請參照【附錄-原文】)

用科技跟
世界各宗教
溝通

歐特斯網路科技公司
謝春未女士、蔡文宏先生

所有博物館內的珍藏，都是「請勿觸摸」，靠近一步便會觸動電眼、警鈴。只有在世界宗教博物館裡，這些無價的稀世重寶，可以任人隨手360度旋轉細看，而不虞損毀——簡介影片設計成虛擬實境，能夠跟觀者互動。經由點選，可將影片中的器物作各種角度轉動、局部放大，觀賞每個細節。這都是歐特斯（AutoTools）公司的傑作。

當初宗博館對外尋求軟體製作廠商，經由RAA公司找到歐特斯公司。看到該公司的作品，也訝異國內竟然能做到如此水準。接到這樁案子，歐特斯公司特別請來業界資深好手謝春未，擔任專案負責人。

她表示：由於宗教題材，表現範圍很受限；但格局又要擴大，難度不是相加、而是相乘，以等差級數提升。想想台灣有幾個人懂錫克教？因此歐特斯必須專聘研究人員，來協助發展內容。提案不斷經由翻譯、在台北和紐約間輾轉來往；館方也要請宗教專業學者來審核，很感困擾。

跨國取景　克服意外危機

專案經理蔡文宏說，拍攝聖地建築，也是工程浩大。館方希望每個月份，都能分別呈現代表性的地點，所以找出十一處宗教聖地。但是，原本跟影像銀行購買、或各宗教團體捐贈的影片，並不足夠，必須自行出機拍攝，有不少慘痛經驗。有一次，蕭望庭導演遠赴江西龍虎山，拍攝道教聖地時，攝影器材竟然被扣在關卡，工作陷入空前的大危機！

被困在江西的導演，幾個鐘頭內，接連打了數十通國際電話，到處調機器。終於從香港方面租借到錄影設備，因為隊伍成員只有三個人，所以連隨行的宗博館研究員，也要幫忙扛著攝影機爬山。「一個瘦瘦的小女生，很不簡單呢！」等到終於踏進這幢古老的道觀，千百年歷史的震撼迎面而來。攝影組立刻拍攝四面八方的景象，要把這種臨場感，傳達給未來的博物館訪客。

3D遊戲　任你臥遊寰宇

「不過，心道師父跟了意法師最期待的，還是互動軟體。希望能把科技感放進去，吸引年輕人來接觸。」蔡文宏說：每個宗教主題，各設一個互動遊戲。遊戲介紹台灣民間信仰時，是用燈謎對應時令節慶，讓參觀者來玩連連看。例如點選到農曆七月，就會出現詮釋「中元普渡」的合成3D影像。點天燈、燒王船，這塊土地上人們世世代代的宗教慶典，都化為先進的高科技電腦遊戲，重新賦予生命。

這個博物館的導覽人員，還包括虛擬人物。為了世界宗教展示大廳，歐特斯公司設計了五個嚮導角色，來串場介紹各宗教。例如介紹伊斯蘭教的，便是中東人；東方面孔的代言人，就講神道教。

反覆修改　但求體貼週到

「心道師父和了意法師對遊戲的期許很高，傾向電玩的概念，希望它娛樂性夠。反而是RAA公司的奧若夫先生，因為配合全館的風格，他想要比較莊重肅穆一點。但過於莊重的話，遊戲性就減弱了。所以前半年幾乎都在不斷提案，反覆修正概念。」蔡文宏認為：執行不難，達成共識最難。特別是考慮到各宗教的主觀感覺，避免不慎冒犯特殊禁忌，非常困難。

講到道教時，程式組設計了一位阿婆仔的卡通角色來介紹。阿婆缺顆牙很可愛，帶點台灣腔，熱心到有點雞婆的地步。這種民間常見的甘草人物，台灣觀眾感到親

切，館方也喜歡。但奧若夫擔心，她缺牙的形象會冒犯中老年觀眾，或被視為惡意醜化道教。

接獲意想不到的反應，製作單位也傻了眼。但想到這是一所世界級的博物館，確實必須照顧到各種觀眾的感受。他們向RAA公司說明，阿婆的形象，在台灣並沒有那麼多負面意涵；另一方面，也仍把那顆牙補了回去。

重現當代領袖的神采

生命覺醒區的相關軟體，是跟美國的唐娜勞倫斯公司一起發展的。由台灣方面拍攝宗教領袖、社會名人見證宗教經驗的紀錄片，在館內的電腦系統，參觀者可以隨選播放；甚至能夠在鏡頭前，當場錄製自己的見證！

達賴喇嘛訪問台北時，歐特斯便派出兩組錄影人員，去拍攝他與呂秀蓮副總統、心道師父的對談。這類記者會慣常是一片鬧烘烘，萬頭鑽動；根本沒辦法像拍電影一樣，燈光打好、人物安排好，營造氣氛，拍得美美的。攝影機鏡位受限制，事後也無法補拍。只好拼了命地猛拍，事後再抓鏡頭，靠後製調整構圖、色調補救，把節奏剪得更緊湊。果然點石成金，效果大為改觀。

描繪平凡百姓的善心

館內的感恩紀念牆，是用來紀念對開館有貢獻的捐款支持者。小組不辭勞苦，竟然出機走遍全台、去拍攝贊助者！「原本希望能定點搭棚、把人集中來拍；但大家事業忙碌，難以配合。所以光是到現場去拍，就花了很多時間。」蔡文宏說：「而且很多人不習慣面對鏡頭。所以前前後後拍了好多次，調到最好的方式，慢慢討論，才定出風格。」

怎樣表現出這些靦靦善良的人，他們內心的淳樸美麗呢？小組發現，幾位護法會的委員們，在客廳坐下來聊天的時候，表現最自然。所以乾脆就把攝影機開著，讓她們自己去聊，事後再剪出想要的部分。這樣反而捕捉到她們最不設防的日常情態，真摯動人。

在工作中啟發性靈

就這樣，每件工作，都在求好心切下，衍生為一百件工作。這麼麻煩，預算又低，怎麼受得了呢？謝春末說：「起先真的就當成一件苦差事，只想及早結案。但是慢慢發現，這不是單純一個案子、只代表一項收入而已；大家接觸久了，對主題產生感情，也啟發了精神層面的想法。」

她笑著說，本來很不諒解宗博館；但一到現場，發現宗博館也是一個人當三個人用，頓時就明白了：對方也是一樣，承受太多壓力，得到太少資源。「氣還是歸氣，不過要表達一些稀鬆平常的概念，例如『婚姻』，就必須重新省視很多習常的想法。這就是在不賺錢的狀況中，反而多了一些縱情想像、放手創作的空間。」

蔡文宏回憶，小時候也覺得各宗教是一樣的，他很認同心道師父的理想：「最偉大的，是他能付諸實行，堅持了十年。」謝春末認為宗博館擁有遠大的目標，這是台灣所欠缺的。「希望藉宗博館，讓台灣有更寬廣的視野，不能再狹隘下去了。」

一暝大一吋
的深情奉獻
顧問呂理政先生

世界宗教博物館的榮耀，是眾人的智慧匯聚於此，如百川歸海，而成其廣瀚浩渺。其中，長期深情奉獻的籌備顧問，呂理政教授，曾規劃多所博物館，他是台大出身，受教於宗師泰斗李亦園，是人類學界的重鎮。也曾從事廣告工作，思維兼具創意與實際，言談坦率而深入。他生長在宜蘭，關心本土，目前任職於宜蘭縣文化局，繼續另一場奉獻的旅程。

當初規劃國立台灣史前文化博物館之際，老友江韶瑩教授推薦他，來參與世界宗教博物館的籌備。他一聽，覺得非常有意思，一般道場是入世的媒介，居然有人想到要用博物館來救世！從此跟隨心道法師，為實現博物館「社教、藝術、休憩、資訊、科技」五大志業，展開了十年的艱辛籌劃。

道場是拯救心靈，博物館則促進寬宏包容。十年間，他不斷提醒同仁，博物館不是宣教事業，可以客觀講述其他宗教、文化、民族，以博呈現，任務是給觀眾一種驚奇、一種開闊的發現。世界宗教博物館能夠使人達到尊重、包容、博愛，而這一切都來自了解。

獻身博物館志業者的天涯相逢

呂教授的理念，始終以人為本。例如當初考慮到館址若設在靈鷲山，民眾交通不便，他便提議在台北設立展示中心，從此更親近大眾。

隨著籌備小組跨國參訪時，他最難忘的，也是許多終身奉獻於博物館的研究人員。像是邂逅英國「聖蒙哥宗教生活與藝術博物館」的芮洛普研究員，德國「馬堡大學宗教學系附設博物館」的館長，彼此因對博物館的願心而遇合，呂教授說：「頗有天涯知音之感。」

馬堡博物館因深居學院之內，較重學理，從比較宗教學來對照，促進學生的了解。聖蒙哥博物館則於龐雜宗教中，選定以人為單位，用出生、結婚、死亡等宗教儀式，來貼近觀眾。

所以歸國後，呂教授以人類學專業，也主張不分宗教、以人來呈現。原將各宗教分為不同的展示小空間，他覺得：外界已經把各宗教嚴格區分開了，博物館不應該又把它們隔離。因此決定在同一空間來觀照各宗教，遂有了世界宗教展示大廳。

「觀念都隱藏在背後，觀眾來看只是一個感覺。」但即使是每一處看不見的用心，也是籌備小組爭論數年、務求完美而來。

如何講述最龐雜的宗教

呂教授負責「台灣宗教區」的展示，他表示台灣民間信仰非常蕪雜，很難化約、組構起來。寫書可以縷述研究者的觀察了解，但博物館必須讓觀眾切身體驗。所以必須回歸到「人」的立場，回到觀眾身上，觀照他們如何藉著宗教、度過挫折困頓。

「我甚至不研究宗教，而是研究人，人的宗教行為。我不管算命準不準，只研究人何時會去算命，比如一個人要跳水自殺，要是先去算過命，我保證他就絕對不會跳，這是抒解人類困境的一個管道。每個宗教背後都有很深的宇宙論，那麼大的系統，只是為了支撐人們小小的心願。」

因此他沒有讓數百種神像在現場排排站，而代以「敬天‧崇祖‧感恩‧福報‧平安」的標題，讓大家認識自己，認識台灣。拍攝影片時，他也要求影像以人為中心，特別是祭典、儀式中個別的人。

最初設計師將展示主體做成柱形，向外展示。他立刻表示，這樣做不對。應該是四面圍拱，人走在裡面，符合中國人向內觀照、眼觀四方。「最後定案是展示攤在整個牆面上，我想這樣也還好，四面互相看不見，雖分而合，仍然保有象徵性的空間。我們在這方面的講究，遠超過英國、德國的博物館，絕對不遜於國際水準。」

深長的祝福與期許

為博物館的頂尖品質自矜之餘，他也表示：博物館的能量，不只是硬體設備，而是來自社會層面，跟許多人的遇合。「它不是場所，而是一個核心，會關涉到很多人。」因此將來經營體制的確立、展示計畫與教育推廣等後續的努力，更是任重道遠。

「我常說要把博物館當成一個人，他的性格不是成年以後才展現，而是小時候點點滴滴累積的。所以籌備這十年，經營研究團隊的養成期，是博物館重要的成長過程。要是沒有團隊，就像一個人沒有性格內涵，養得他白白胖胖的幹什麼？所以要像養孩子一樣，細心、耐心去培育。」

父母劬勞，憂心悄悄，多少為博物館無悔奉獻的人們，也都有這種「一暝大一吋」的切盼心情。呂教授推崇每位團隊同仁地位的重要，也期待大家終身都懷抱此刻的熱情，長相與共。

永遠的義工

訪問秦裕傑先生

「我一直很想念心道師父、還有了意法師他們，我也非常掛念宗博館還未開館。前幾天，還在電視上看到博物館即將開館的短片，真的很高興我還留有一口氣見到。只可惜現在已經有心無力，下半身都萎縮不方便行動了；年紀大了，很多事都記不得了，也沒辦法再協助博物館什麼。不過，我仍是宗博館永遠的義工。」

台灣博物館界的先賢後輩，大家都叫他「秦老爹」，他是大家親藹的老爺爺。秦裕傑先生，典型俠骨柔情的山東鐵漢。早年軍旅出身，秉燭夜讀，發奮考上人事行政高考，參加當年國家重要的文化建設，包括籌備國立自然科學博物館。

他總是坐在辦公室裡，就著燈光，扶著眼鏡，一筆一劃，刻劃出未來每個環節。就像他的博物館學著作，筆下總是不厭其煩，將博物館的哲學，落實到每一個服務細節的用心上。凡事盡心負責，全心投入的他，一輩子投入博物館事業。跟隨漢寶德先生，經歷科博館四期的籌建開館，一手建立起科博館的義工制度，被暱稱為「義工之父」，並以副館長之職榮退，館內頒以「盡心竭力 以館為家」的獎狀。

這八個字，寫來容易，卻是以一生的血淚堅持作註腳。

不辭遠道 共赴理想

緣於西元一九九一年，心道師父、了意法師等為了建館，遍訪賢能。聽說老爹專業既精、又熱情執著，一行人風塵僕僕，趕到台中秦家拜會。果然秦老爹極為熱心，提供經驗傳承，帶領法師們參觀科博館。法師們娓娓訴說理想，要勸募建館，回饋社會；看到彼此對「博物館」同樣的熱情共鳴，他十分感動，答應傾力相助。這一幫就是五年，直到輕微中風後，不堪南北奔波為止。

「宗博館第一次籌建會議我就參加了，大家一起提供想法，盡力把想法完成。」一九九三年，他由時任文建會主委申學庸女士的手中，接下了宗博館榮譽顧問證書。老爹非常珍視這一紙證書，至今還放在家中最明顯的地方，引以為榮。因為它代表孤獨理想的遙相呼應，識見之士實踐真理的決心。晚年有逢，老懷大慰。

一九九四年基金會成立，老爹並同時擔任基金會榮譽董事。每逢週末休假，別人下班去休閒娛樂，他反而兼程趕到台北開會。常常下午開會，他上午就到館裡看資料，準備定期的工作會報。

熱血鐵漢 釋懷暖情

老爹傾注於宗博館，這份衷心摯愛，籌備同仁都感覺得到，也激發了這批年輕人奉獻的熱情。在會議討論爭持不下的時刻，每個人都覺得自己遭受誤解、被敵視或孤立。這時，老爹寬容體諒的三言兩語，總會融化憤怒的心靈，讓大家重新敞開來，再度坦誠相對。

老爹不但關懷每個人，也致力要將畢生研究的精華，交棒給新一代。他把參訪美、加、英、日、德、法、新加坡及大陸等地博物館界的經驗，毫無保留地傳授給館員。另一方面，也體貼設想將來會遇到的種種問題，日夜撰寫經營計畫，希望提供給宗博館，能讓大家艱難的前路，走得稍微順暢一點。

只求燃燒 只願奉獻

「中風以後也沒辦法參加開會了，就只有接受了意法師他們的電話諮詢。」他語帶

遺憾。努力了一輩子，已經奉獻出全副生命；如今令他難過的，竟然是不能再多付出一點、多幫忙一點。這就是老爹，永遠想著照亮別人，卻沒注意到早已怎樣燃燒了自己。

「有一次，博物館人員還來台中拜訪我，告訴我已經有人在永和捐了一個館，靈鷲山上的計畫暫時不考慮了。籌備處當時另外規劃了一些委託研究計畫，想請問我看看有什麼建議。我直覺不可行。博物館不是靠對外的委託研究可以作起來的，很多事必須是親自參與往下執行的，否則拿了一堆委託報告，你要怎麼拿來蓋館呢？」老爹的一席話，扭轉了全局。籌備處從此將重要計畫列為親自執行的重點，包括展示設計師的徵選等等，雖然艱難，也才有今日的精緻完美。

「我常掛念宗博館的狀況，還將我這些年來收藏的中外重要博物館書籍，整理了兩箱送給博物館。這些書都是我在籌建博物館中不斷學習，拿來作參考的工作書，希望對你們籌建博物館有幫助。這幾年也寫了些書，還把最重要的一本「現代博物館」提供給宗博館出版。」

「這五年來，除了第一次出席費三千塊以外，以後，我一毛錢也不拿，我就是宗博館永遠的義工，我一定要看到這座博物館的誕生。」老爹暢然說道：「我也要祝福心道師父開館成功！」

照亮起點
的引路燈

初次見到陳國寧教授的人，都會凜於她思路的清晰，說話的精準，連一個贅字也沒有。研究、教書多年，早已鍛鍊出理路分明、兼顧各種角度的學術思考，總能在學生、同僚的一團迷亂中，立刻抓出脈絡，一語道破關鍵所在。經她指點迷津，頓時化繁為簡，綱舉目張。

這位國內博物館學界的耆宿，正是南華大學美學與藝術研究所的教授，陳國寧教授。她浸淫博物館學數十年，兼長學術與實務，曾經擔任文化大學華岡博物館的館長。從一九八一年開始，便在文化大學研究所開博物館課程，外界許多博物館人員都慕名蜂擁而來，正襟危坐地進修。旁聽生當中，還包括一群出家人，正是籌建宗博館的了意法師一行人。

「當時聽她們談起世界宗教博物館的計畫，是有點興趣。但是我表明時間上不許可，只能用顧問的性質參與，一起開會，給她們提點建議。」一九九四年，籌備處剛剛才成立，陳國寧教授便受聘指導大家，怎樣建立國際觀，尋找本身定位的脈絡。在規劃上，她很重視研究和典藏兩方面。

在知識與器物之海中導航

她提醒研究人員，宗教研究要作為未來展示的內容，不能一味鑽研枝微末節，而要掌握宏觀的大方向。宗教文獻、民族誌資料浩如煙海，的確很容易一頭栽進去；再抬起頭，已不知是多少年後。這種考據癖，對於普及宗教資訊，確實助益不大。

文物典藏也是教授的專業。「我一開始就強調，文物一定要有國際水準才採用。如果沒有很大特色，徒然破壞典藏制度。」初期的收藏，有許多是信徒發心捐贈，並非專家學者鑑定的骨董；但是步入博物館領域，就要建立一套專業要求的取捨。為宗博館設計典藏策略、組織評議委員等，教授都很花了一番功夫，推動收藏內容的轉型。

帶領出世者入世

「出家人原本是從事修行，但現在都得要做一些在家人的事，像蓋大學、醫院，或者博物館。當然出發點都沒有問題，但就得從事業的角度，重新加以訓練。」教授一語道破，出世的僧侶要接觸博物館世俗專業，跨領域所面臨的文化衝突有多嚴酷，代價就是必須一切歸零、從頭學習。

其實，要求出家人放棄原本的山林修行，反而要去學原本無關的高深專業，想來是非常殘忍的一件事。但教授看出了她們強烈的救世願望：「當初印象最深的，就是館內的同仁非常賣力。不是普通朝九晚五的上班族，而是有理想，在師父帶領下、非常投入地去做。這是別的博物館所沒有的。」

所以教授盡量支持這群俗世苦修的出家人，重新學習、暖身：「我在的時候，也辦了很多座談，集思廣益。其實建館的大前提都是正確的，重要的是怎樣實行。要談理論、每個人都很會說，問題是將來如何實際去經營、研究。」

引導世俗者出塵

談到宗博館結合科技與藝術，把互動電玩帶進博物館的創舉，她贊同道：「這也是我當初跟師父建議的。博物館要看類型，有的是為了服務學術目的，或是傳播宗教文化，或者是社會教育。現在要按趨勢來做，符合社會的現實，既然是休閒取向，就要讓大家在娛樂中輕鬆學習，不要把它當成一個很嚴肅的東西來做。也不是說娛樂就不可取，主要是看博物館本身，想把自己的角色放在哪個點上來做。寓教於樂未嘗不可。」社區發展原本也是教授的專業，她深知放下知識身段，才能建立互動，突破現況。

「當然宗教就不是娛樂可以完全達到的，而是個人心靈的體悟，是一個遠較深刻的過程。但也不能說玩一玩遊戲，就不能開悟。佛家講機緣，這次在他們心裡種下了一顆種子，說不定什麼時候，就會發出芽來。」

她將宗博館的實驗精神，歸結到博物館的本質上：「博物館並不是呈現一個結果，而是啟發觀眾反思的過程。」原來，宗博館儘管大膽創新，卻並非離經叛道，反而是實現博物館要引人不斷叩問、探詢的原點。繞了一段遠路，而能夠殊途同歸，該是教授理性的光芒，照亮了宗博館正確的起點。

博物館革命
的旗手

顧問張譽騰教授

台大動物系出身，卻跑去英國念博物館學，因緣際會，目擊了英國博物館界的大革命。台灣第一位博物館學博士，張譽騰教授，說起那段往事，感嘆猶深：

「當年大英博物館鬧得很大的一件事，就是館長人選，沒有用館內鑽研昆蟲學幾十年的年邁學者，反而找了一位行政人才，一來便提出五年營運計畫書。他所宣布的字眼，在學財政的人聽來是十分性感的，例如『我們三年內要裁員一百人，員額的減少會發生在研究及資深研究部門，三年內要達到自籌經費百分之卅』等等；至於在職進修，竟然是帶館員去參觀迪士尼樂園的設計和管理！」

財政困窘帶來博物館革命

「過去博物館的傳統是不收門票，無論貧富都能平等吸收知識。那年，光是為要不要收門票，就吵了好久。最後，大英自然史博物館還是狠下心來，開始收門票了。」

他目前擔任台南藝術學院博物館學研究所的所長，參與規劃台灣許多博物館，深深明瞭當年的革命，還在繼續。國家的庇翼不能再保護博物館遠離世俗，在財政壓力與社會思潮下，它得不斷蛻變，與群眾對話。教授在中部災區策劃地震博物館時，便設計了「瓶中信」的活動：讓每位參觀者，就地震當時的心情，寫封信塞進霧峰羊奶的空玻璃瓶，也把捐給建館基金的錢一起裝進去，結合了支持與祈福。他促狹地笑道：「那瓶口很小，硬幣塞不進去，你只能裝鈔票……」

宗博館，一項爭議性的實驗創舉

民國八十四年時，教授在國立台灣史前文化博物館研究。了意法師經人介紹，前往請益，態度非常誠懇。教授感受到法師們尊重學者的心意，慨然答應貢獻所學。便在淡水的富邦訓練中心，替籌備處的同仁開班，上基本的博物館學課程。

「當時我從國外學了很多亂七八糟的東西回來，有些理念跟想法。一聽要拿宗教做主題，已經夠奇怪了，還要做世界宗教！」教授深深覺得，這構想實在太有趣了：「就我們學博物館的人來說，首先會想：一個展示場所要怎樣融合這許多？空間配置如何平衡？如何收拾這些不同的聲音、把它們展示出來？其實展示充滿了選擇，無論是物件、文字說明、空間區劃，背後都隱藏了意識型態。所以這個主題充滿了爭議，很好玩！」

教授分析：宗教本來是很祥和的，卻又暗藏許多模稜兩可的爭議，「但是一個博物館，應該能處理到很細緻的部分。」這也就是他對宗博館的學術興趣所在。

充滿激情的博物館敘述

教授身為宗博館籌備前期的諮詢顧問；籌備處招國際標、邀請海外設計公司競圖時，也邀他來評審。雖然後來宗博館才跟RAA設計公司合作，該公司奧若夫設計的猶太浩劫紀念博物館，教授卻印象深刻：「我三個學弟妹去看回來，三個都哭。」

該館的手法非常強烈。進館民眾的門票，便是一本護照，有當年受難猶太人的名字、照片。參觀者拿著一關一關去通關，就如歷史重演，在岔口按照男女老幼分批，知道他們當年就這樣進入不同的毒氣室；或者是發配勞役，但最終還是毒死。看到現場幾百雙舊鞋等遺物，一一陳列，觀者頓覺置身浩劫之中，與歷史悲劇神會。教授形容這種展示技巧為「逐步誘你入彀」：「先給人驚奇感，再進入主題，奧若夫非常擅長這套辦法。」

「但猶太浩劫的爭議性，絕對沒有世界宗教博物館來得大。」教授注視著博物館的模型，評論道：「首先他設計宗博館，避開理性的爭執比較；而是用詩意的經驗、冥想、天啟性質的影像，透過情感來感動人，這點是非常聰明的。」

教授認為這種設計理念非常有趣：「也印證了我的一個觀念，就是不要把博物館當成枯燥的知識；其實它應該是情緒化的，一個感官、情感性的接觸。一個博物館要感動人，決不是靠理性。就像自然史博物館，並不是要交代自然史的學說；反而是創造自然史，請大家對自然史產生想像。」

作人間的活水源頭

「不過博物館除了感動，也該喚起人的焦慮，對宗教的渴求，看各民族如何解決這個問題，吸引有心人來看。」教授很關心宗博館吸引觀眾的介面：「宗博館蓋在百貨公司上，跟我們現代博物館的經營若合符節。像大都會博物館的種種創舉：每所博物館至少要有兩家餐廳、兩間紀念品店，這些都變成博物館界的常識。我們最開頭都以為，參觀博物館是學習，其實不然。它經常是像旅行，要休息、吃好吃的東西；不是對每樣東西一一去研究，而是全景觀照式的瀏覽，展示板很少人去讀。那麼跟百貨結合，也未嘗不可。」

「博物館要蓋不難，但是經營不易。如果要拿一百分，規劃算四十分，前期建設是二十分，後面經營管理也是四十分。」但他表示激賞心道法師的選擇：「一般廟宇，信徒參與的工作有限；博物館可以兼顧教育，招募義工，如果一年三百天，每天有一千人次，幾年下來會接觸到多少人？這是個活水，能夠不斷吸納觀眾、義工加入。聽說外面某某廟花了幾十億，同樣花錢，那你想是蓋那個廟好，還是蓋博物館好？這比一般廟宇能吸引更多的人，到後來，可以成為凝聚信徒的重要地方。」

「最近華爾街日報有篇專題報導，說華盛頓的博物館群，今年獲得各界捐款，合計一百億美金。原來大企業的錢，都到博物館去了！還列出各博物館受贈的金額：這家十億，那家三億……博物館是好大的企業，你可以看到，它非常地花錢。所以宗教把它的事業擴展到博物館來，是一大進步。」

聽到心道師父建設博物館群的概念，教授直言：「了不起！最好像古根漢美術館，光紐約就有兩家；而到西班牙畢爾包去設立的分館，也是非常出名。」或說就像大英博物館所取法的迪士尼樂園，不僅在美國，東京、巴黎也都可以重現樂園的聲光效果、奇幻經驗。

「當代的博物館，應該不是神廟、要芸芸眾生來瞻仰知識；而是論壇，讓大家一起來發聲，也能容納別人的聲音。」看到911攻擊事件造成的文化衝突，他覺得美國人也應該了解一下，古蘭經在寫什麼？到底為什麼阿富汗就是不肯放賓拉登，他們宗教文化上的理由是什麼？「這個時代，已經不是那種唯我獨尊的年頭了。而應該展示各宗教之間，幽微隱晦的不同。我的興趣在這裡。」他期待宗博館能深入詮釋宗教的差異與衝突。因為真正的和平，只能誕生於相互了解當中。

從歷史煙塵
中重識珍寶

宗教研究與文物顧問群

他展開捲軸，教年輕館員從圖中辨識畫師的工法、道教的思想。道教學術的權威李豐楙教授，清瘦頎長，親切慈藹，總是穿著日式的木屐，風塵僕僕來到城市邊緣，宗博館的典藏庫。他是中研院中國文哲所的研究員，任教於政大中文系、輔大宗研所及政大宗教系所。研究、教學忙碌不已，但仍然義務接受典藏組的諮詢，熱心指導館員，提供方向。

重識稀珍的伯樂慧眼

他時常帶著學生，一起到典藏庫協助分類作業。館內有一尊不知名的唐代石雕，原本在眾多收藏中並不起眼。但經他多年研究，從碑文當中推敲蛛絲馬跡，才發現這是道教的神明「常陽天尊」！唐代重佛抑道，道教神像慘遭破壞，流傳至今的少之又少，全世界僅有少數稀世珍藏。他遂為石雕寫下完整的說明。假使未曾遇到伯樂，這尊石雕今天仍然無人能識；但如今，它已成為宗博館的道教的鎮館之寶之一。

經他介紹，館員才認識了許多道觀、道士，承蒙他們借展寶貴的文物。例如一件紅黃色的「高功絳衣」，是地位最高的道士才准穿的。擁有者很捨不得出借，因為法寶本身便具有法力。不過宗博館程序完備，在絕對完璧歸還的前提下，物主慨然借展。觀眾才有機會，一睹這件仍在使用、活生生的宗教聖物，意義非凡。

謙遜尊重的學術典範

由於道教多半被歸在台灣民間信仰當中，儒、釋、道互相混雜。多靠李教授費心挑出道教的文物，並且為宗博館發行的「簡訊」作撰文，推廣道教的常識。

館內展示板的說明，李教授也特別地重視。介紹道教的展板，由哈佛大學宗教學研究中心的蘇利文博士統籌，該團隊當中、負責道教的中國學者李大華撰寫（他現已結束哈佛的客座生涯，返回廣州）。台北館方的道教顧問群，則以李豐楙教授為首，邀集專家學者共同來審核文章。

文稿經過哈佛的審定，但李豐楙教授仍謙遜地指出文中「有個地方沒提起」。李大華教授得到回應，回去重新伏案苦思，經過一個月，方才再度交稿。這次終於盡善盡美。分屬兩代、兩岸的「李教授」，在嚴謹治學的自我要求、敞開心胸的切磋討論下，得到了完美的成果。

獻身投入知識的傳播

展示的內容，固然是由哈佛團隊提出原則。但針對館藏文物規劃展示時，由於遠隔兩地，美國方面在檢視「文物登錄卡」上的照片、年代、材質解說，取捨頗受限制；國內的學者，則能摩挲實物、親眼判斷，貢獻良多。李豐楙教授累積了多年的田野經驗，兼長理論與實務，對道教藝術發展知之甚詳。本身收藏甚豐，不僅眼光判斷精準，甚至割愛借展，例如展品中一組八件栩栩如生的八仙木雕，就是他珍愛的私藏。

宗博館展示的每一方面，都仰賴學者專精的鑑選。為了展示影片，李教授還代為挑選應當拍攝的聖地，決定第一期展示江西的道教聖地龍虎山。他也幫忙選出適當的道教展示圖片，及審核宗教影片的正確性。

例如宇宙創世廳播映的創世傳說，哈佛團隊以「盤古開天闢地」來代表道教。李老師則認為，那只是中國人起源的傳說，並非宗教：「一生二、二生三、三生萬物，這才是道教。」固然道教也把盤古傳說納入眾神的系統，稱為「盤古真人」，不過這只表現出道教廣納兼容的特色。論及創世傳說，應該以「三清」道德天尊、靈寶天尊、元始天尊三位創造世界的神明為主。教授就是這樣不厭其煩地思考每個環節，深怕一個不慎，誤導了來館參觀的訪客。

其實，不只是李豐楙教授，宗博館的宗教研究與文物顧問群，每一位都是擁有崇高學術地位、品格高華的謙遜學者。他們與宗博館理念的邂逅遇合，完全是義務參與；甚至連微薄的車馬費，也常捐作宗博館的經費。為的只是學術回饋社會、宗教淑世救人的理想，能夠得到實踐。

各界學者專家的貢獻

宗博館光是一座世界宗教大廳，十大宗教的展示當中，便集結了無數專業人士的才智。

佛教：除了諮詢心道師父以外，故宮博物院的李玉民博士，也為研究人員解答許多疑問。李博士長期鑽研中國石雕、佛教美術，在學界舉足輕重，以其睿智博學作為館藏研究的後盾。陳清香教授則為宗博館展示板撰寫〈佛教在台灣〉文，也在典藏方面給予不少寶貴建議。另有專精研究藏傳佛教的顧問們，學識豐富，為宗博館協助徵集典藏文物，提供方向，總是條理並陳、鉅細靡遺。

基督宗教：借重董芳苑教授甚多。董教授夫婦是虔誠基督徒，發揮宗教愛心，收養了許多流浪狗；教學、研究應接不暇，還撥冗參與宗博館的宗教研究與文物典藏，並且幫忙審核宗教影片，務求傳播正確的知識與情操。基督宗教方面諮詢的對象，還包括輔仁大學禮儀研究中心及宗教系的黃懷秋教授，中國天主教文物館等。

印度教：真理大學宗教系的林煌洲教授，任教印度教哲學，真知灼見的指導，使研究人員受益不少。還有中華佛學院來自印度的穆克紀老師，幫忙譯解梵文。國際奎師那意識協會，也提供了珍貴的研究資料。

猶太教：以色列駐台辦事處提供相關影像及諮詢，波蘭駐台商務辦事處、台灣猶太會堂的 Einhorn 長老，都非常熱心幫忙。

道教：李豐楙教授忘我無私的奉獻，令館方深深感動。

錫克教：印度阿姆利澤金廟與宗博館往來密切，持續協助諮詢、捐贈文物。還有台灣唯一的錫克教家庭，Peter Singh 一家人，也以高貴的友誼伸出援手。

伊斯蘭教：台北清眞大寺、阿拉伯在台辦事處、世界回教聯盟都貢獻良多。

神道教：日本國學院大學的神道教文物館，慷慨借展神道教文物；館長三橋健教授，長期擔任館方的正式顧問。淡大史研所、日研所的蔡錦堂老師，負責撰寫「神道教過去在台灣的發展」展示文稿。

台灣民間信仰：呂理政顧問深具智慧的洞見，使得展示能夠深入淺出，一直爲人稱道。

古代宗教：目前埃及宗教部分，聘請波士頓美術館的 Joyce Haynes 研究員撰稿。這位學者原本是哈佛宗教學研究中心的一員，當時便參與宗博館的研究工作，至今仍繼續提供諮詢，也向美國各大博物館代爲協調借展文物。

原住民宗教：馬雅宗教由波士頓大學的 Elenor Harrison 教授負責，她也在這方面協調借展與挑選文物。

館方並且感謝爲展示文字潤稿的文壇名家，高信疆、張香華等人。提供生命之旅廳詩稿的詩人作家羅智成。感謝中華民國宗教與和平協進會、天主教台灣地區主教團的馬天賜神父，協助館方推動宗教交流，不遺餘力。感謝國立歷史博物館、高雄美術館、故宮博物院、鴻禧美術館、順益原住民博物館等諸多博物館先進，提供許多經驗交流與分享。更感恩攝影師李信男師兄長年跟隨心道師父，進行影像紀錄，提供許多精美的圖片給宗博館。

正是許多人的熱切奉獻、不求回報，宗博館才得以燦爛誕生；今後也將在眾人的智慧守護之下，永遠地走下去。

誰說它是器物的墳穴

影片顧問孫正國導演

世界宗教博物館不是器物的墳穴,而是走動、呼吸著,一所活生生的博物館。心道師父當初便希望,透過科技與藝術來呈現,所以,動態影片就成了展示的靈魂,向觀者娓娓講述人類的悲歡與希望。

館方委託拍攝的影片,包括訪談紀錄片、電腦動畫、多媒體表現,迄今已完成百餘部,光在台灣便動員了十組製作單位。於國內外訪問宗教領袖、學者、名人等等,對象超過一五〇人。過去沒有人能在這麼短短幾分鐘內,領受到全球各宗教領導人智慧的話語;但透過精心攝製的影片,如今參觀宗博館的朋友,已可在彈指之間,聆聽他們人生哲學的精華,點撥迷障。

影片包羅萬象,未來還將不斷更新。隨著時代變化,坦率提出嶄新的議題,與觀眾對話。

閱讀門檻極低　影像水準極高

多媒體影像工作者孫正國,半年前開始為館方協調國內影片攝製事宜。他說,當初只是任職宗博的好友,邀他來看看委託美國各單位拍攝的影片。一看之下,發現水準奇高。

好的作品,總能挑起後來者野心勃勃、力圖超越的創作欲。他形容為「誤上賊船」,從此一頭栽進這麻煩難纏、充滿壓力跟抱怨,但終歸滿心歡喜的工作。

宗博的影片,不僅畫面瑰麗,難的是要精心設計去呈現抽象理念。必須從最簡單切身的層次,直見心性,跟觀眾展開生命的碰撞、交會。這種事情,通常是國外的影壇大師耆宿,花好幾年拍兩個小時的故事,參展得獎,還不見得人人看得懂。半分鐘的短片,到底要怎麼完成這麼艱鉅的使命?

難題說容易也很容易,就是一定要做出來就對了。孫正國謙稱,只是完成協力單位的要求、只是做到比前更好的品質而已;其實從故事發展、分鏡劇本,到拍攝過程,每個階段,都有製作單位與法師們不斷檢討、要求的心血。

創意在激盪中進化

一開始,心道師父會提出大致方向,再找廣告、影視方面的創意人才來發想。然後反饋他們的構思,跟師父互相印證。例如華嚴世界的互動影片遊戲,是師父跟設計師奧若夫想的點子。交給創作團隊去腦力激盪,他們想表現人對生命中重要事物的感覺,例如「愛」,有親情、愛情、友情等層次的愛,若加入「婚姻」又有很多種結果……如此這般排列組合、變化萬千。

但這種表現手法,也在嚴酷的把關下立刻出局。於是他轉而思考:「假如我是來玩的人,怎樣讓我玩下去?」館方也慷慨供應大量研究資料,刺激他們不斷超越自己,終於達到空前精彩的作品水準。影片不談個別宗教,而藉影像和標題,「沒有什麼是這雙手臂不能擁抱的」直接點出各宗教共通的悲憫與包容。簡單直接之中,蘊含了成熟豐富的思考結晶,是創作者血淋淋反覆磨鍊自己而得。

這挑戰有多難?「來執行的人都瘋掉了!」孫正國說,有位導演三天兩夜沒睡,閉門剪接、反芻資料,渾然不覺外面正因納莉風災、而天搖地動,連樓下淹大水都事後才知。導演叫著:「再弄下去,老婆就要跟我離婚了!」說歸說,仍然撐到最後,交出了完美的成品。

融合文化差異的新境界

另一方面,這也是影像人才適應宗教界思維的過程。他們學到很多從沒想過的事情,例如,可能拍攝一種宗教的特殊行為,對另一宗教反而構成冒犯。有人用裸男裸女的片段,表現人的純真本質;或是短片用死亡、悲慘的快速畫面來震撼觀眾,讓人領悟無常、從而反思人生是否需要有所歸依。用意雖好,但限制級畫面適合宗博嗎?

孫正國笑說:當初他們請示師父,有趣的是師父聽不懂。原來出家人不看電影,根本沒聽過何謂限制級。可說雙方都遭遇到文化震驚,也坦然放下身段、彼此了解。最後決定輔導級勉強接受,限制級就算了。創意人有些頑皮之處,法師也不會干涉。

科技帶來新思維

館內華嚴世界的圓頂投影銀幕,耗時一年才完成,連放映器材也是特別訂做。為了適應這種新發明,資料影片要用電腦調整焦點;字幕也不能只有一邊,要設計讓它從中央轉出來等種種辦法。影片更要照顧到360度的觀眾,拍攝時便得顧及上下左右,畫面正著倒著各角度都能看,他開玩笑道:「簡直強人所難。」

但創作者的自我要求,就是如此嚴苛。他驚歎於合作導演創作的執著:「燈光、構圖啦,什麼都挑別,連襯衫上掉了根頭髮,都要重來。」想想也沒錯,投影銀幕那麼大,到時一根頭髮也無所遁形。「這是對作品負責,也是創意人對宗博的期待。這不是商業作品,而是能夠留存、對社會有貢獻的。」

「整個過程非常複雜,心道法師很有勇氣。」經歷一番艱苦,影片裡才有了那麼多深沈逼切的體悟:首位駕帆船環球航行的華人劉寧生船長,談遇颱漂流、海盜劫掠的極限經驗;明星金素梅分享走紅、婚紗店失火、患癌的起落心路。看他們如何逼視死亡而領悟人生,那份真誠,也會令觀者開始思索自己。眾多影片是宗博有機的生命,孫正國表示片庫將永續更新,隨時注入新鮮活力,讓人不管參觀多少次、每次都有驚喜。

直心即道場

結構顧問曾慶正先生

「我們學理工的人講科學，想得通的理論才可以做，不然會被人家笑啊。」雖然兒女已經上高中，曾慶正結構技師仍舊是一副圓眼睛、娃娃臉，執著當中有一股天真坦然。受命擔任建館的工程顧問，他也是以這股坦率執拗，來面對工程界的風風雨雨。

他是個奇人，連信佛歷程也不同凡響，十分硬脾氣。哥哥勸他信佛，但他想不通佛理的問題，便不肯接受。這一思索，竟想了五六年才想通。說到皈依的契機，是岳父往生後，他深夜獨自守靈。本省習俗是停靈在家，棺木不加蓋，家裡又沒什麼人、四周一片漆黑，他都快嚇死了：「那真的很可怕！」

事後，作法事的老和尚順便讓他皈依，不過和尚鄉音很重，他根本聽不懂。但抬頭一看，見到佛座上菩薩的寶相莊嚴，他兩行眼淚便流了下來，「原來那時候是佛菩薩在保佑我！」

他是結構技師工會全國聯合會的常務理事、中華民國結構工程學會的理事。很難想像一位事業有成、地位超卓的少壯菁英，講起對佛陀的深切孺慕，居然不諱言自己膽小愛哭。也是這番難得的真性情，讓他接下了「監督宗博館工程」這個高難度任務。

安全是首要使命

起先是靈鷲山的朝山大道，S形彎道要做擋土牆，便傳真設計圖來問他。他覺得上百萬施工費太貴，便找大地工程方面的專業人士來看，發現只花十幾萬來做更安全。從此山上的工程便常向他請益，不是請他設計，就是請他找人。

宗博起初的設計，是拆除兩層樓間的地板、整個打通。籌備處的館員，便請他評估結構安全，結論是不宜。後來改為僅加大華嚴世界的樓板開口，他算過沒問題；又為球體設計支撐系統，用交叉十字樑來承重。

九二一地震後，他還主動跑到工地，確定結構沒有受損才安心。為了防震，決定展示櫃的剛性接頭，需要加斜撐，加強端點支承點。去年又請他鑑定華嚴世界的外殼、座椅，展示品的支撐架等的結構安全。連最重要的文物展示櫃結構補強也要他一次一次的看打樣及參與測試。

一分一文　慎重把關

「人家是看你幫得上忙，才肯找你來。既然找到頭上，我一定要做到底。所以要很謹慎。」

華嚴世界的鋼結構發包不易，他說這設計很容易理解，但材料施工有很大差距，第一家如果報價一百萬，第二家竟然只報三分之一，這事十分稀鬆平常。「像我們在外面做生意，把精神都放在防弊上，推想有什麼漏洞。」畢竟這不是廠商，而是佛教團體的工程。他觀察顯月師的處事方式，思考如何去權衡折衝，因為用一般世俗的眼光，恐怕別人會對宗博有誤會。

所以他寧可自個兒扮黑臉，向工程包商提出高標準的要求。想起前一兩次開會，外界單位的代表一語不發、用兇惡的眼神盯著他看，他真的心裡很不舒服。「不過，建館基金連一分一文都是辛苦募來的，要好好運用。萬一被騙了很多錢，有辱師父給我的使命。」

堅持按圖施工　品質不妥協

他慨嘆台灣的工程界，為了省工省錢，養成了不按圖施工的陋習。比如在幾處工地視察，師傅們常抱怨：「鋼筋沒辦法綁。不然你綁給我看啊！」他倒也直來直往：「對不起，要綁的是你、不是我。」

台灣的風氣往往是：施工到一半，有些地方不想做了，就隨口說要變更設計。例如館內殘障電梯的交叉斜撐，完工時從八根變成了四根；或是鐵板焊完後彎曲變形。這影響不大，但曾顧問知道必須堅持原則、照圖施工：「通常對方會出狀況來考你，監工若是生手，或是年輕的建築師，很多都被唬過去了。今天這樣做沒事，明天再把你唬過去，可能就會出大問題。」

結果，他當場請人照圖做回去：「可以做，怎麼不能做？要是你們施工做不出，幹嘛給我設計出來？」

施工單位若堅持要變更，曾顧問就要對方請原設計師開證明，證明做不出來。他說自己用看的，也不一定正確；不如請設計師跑電腦程式、再算一次。但開證明又要額外花錢，通常包商就妥協了。彼此熟稔以後，私底下，他話說得更坦率：「我是幫你們審圖，又不是施工。要是什麼都做，那我到底是幹哪一行的？做不到你就不要標。」

直心即道場　為所應為

金剛怒目，菩薩低眉，同樣都是為眾生。雖然處事艱難，他謙稱：「很簡單，也不用顧慮太多，該怎麼做就怎麼做，凡事攤開來談。這樣壓力會比較小，進退兩難的狀況會比較少。」他記取了「八正道」的智慧：假如有困難，應該虛心請求別人的幫忙，很多事就會解決。

經歷工程界這番修行實踐，他慎重寫下幾個字：「直心即道場」。而他凡事坦然的基礎，正是一份信心在支持：「反正師父叫我們去做的事情，一定不會有錯就是了。」

奇蹟的見證

走到世界宗教博物館的華嚴世界，看到那龐大的球體，光華內蘊、寶光流離，每個人都會驚訝歡喜。但卻很少人知道，它見證了一個奇蹟。

這個玻璃纖維球體結構，台灣從來不曾做過。這種不存在的球體，根本沒人看過，為什麼師父堅持要去實現它呢？原來俗人是眼見為信；但那沒有看見就相信的，他們的信心是更大的。師父的信心，可以激勵眾人、移山填海，一起創造奇蹟。

專業協助

當初，長榮公司的鄭深池董事長（現為交通銀行董事長），知道館方遇到困難，便請長榮海運的黃訓國副總，介紹幾十年前便在做玻璃纖維的林宜信先生，義務前往協助。

「老長官知道我做事的方法，便叫我去幫忙。我也愣頭愣腦，什麼世界宗教博物館，我根本不知道。但是顯月師非常和善、容易親近，館內同仁也很信任我。所以我請她們遇到問題，沒把握就先打電話給我。」目前外派到台灣高鐵服務的林宜信先生，是位理路清晰、練達專業的出色工程師。每個週末，都犧牲私人時間，待在工地解決問題。現場塵埃飛揚、引人咳嗆，別人無法久待，他卻義無反顧。

首先幫館方談工程合約，他謙稱「花了點時間」，詳盡列出一份施工規範，讓廠商依據施工。「我沒做過，他們也沒做過，常會碰到問題。我跟師父說，你們找我來，我一定跟你們站在同一邊，但不表示就跟廠商對立。簽約前是跟廠商對立，簽完約就是在同一條船上，一起設法解決問題。」廠商派了兩位不錯的經理安排工程，包括進料等，遇到不懂之處，甚至會自己打來問他。

難題一：透明感

如今華嚴世界能夠矗立在館內，是師父的堅持，也是眾人心血所聚。在師父心目中，它應該像地球，是綠色的。但球體裡將容納三四十位觀眾，依法必須是防火材質，偏偏防火樹脂全是土黃色的！打出來的樣品，師父不答應。找到製造商重新調色，試了三天三夜，終於調出淡綠色的配方。

最難的是，師父要求球體須呈半透明，內部打光投影，外面看來也有隱隱約約的馬賽克效果。這實在匪夷所思，一般不透明的玻璃纖維，上什麼顏色都可以蓋過去；但以透明材質來說，兩層樓大的球體，只要有一個點不均勻，整個就變成花的。

為此首創由美國引進「抽眞空成型」工法，國內只有極少數廠家能執行。一般玻璃纖維，從候車椅、浴缸、水塔到遊艇，都是人工拿滾筒去積層。抽眞空成形，則是鋪上玻璃毯、用塑膠布密封，讓樹脂自然流進來，非常困難。以往廠家做遊艇，可以一部分、一部分來；這圓球卻是一體成形，只許成功不許失敗。大家很擔心，連顯月師也親身到場關注。眼看著幾個小時的工作，工人竟耗費了幾十個小時準備，務求預備動作做得仔細完備。果然厚度控制精準，明勻剔透，如珠如寶。

成功後，工人們都難掩興奮之情，甚至表示：希望有機會再做第二個。一個高水準的要求，就是這樣吸引所有人全心投入，長久難忘這份美好的感動。

難題二：尺寸巨大

為了增加強度、防震，球體採用三明治式，內外兩層、中夾蜂巢式結構。「這種不是沒人做過，只是沒用在這麼大的結構上。」一切都是冒險創舉，每個環節不得不戒愼以對。樣品還送到台大實驗室去測試，證明安全無虞才過關。

製作模具時，林顧問也老遠趕去五股的工廠，看了好幾趟。不斷修正，仔細量測「是不是眞圓，夠圓。總不能讓它是扁的」。球徑達八公尺之巨，誤差竟只有兩公分，肉眼完全看不出來。

觀眾絕對想不到，連座椅也花了一番心血。因為觀眾是半躺仰天觀賞影片，座椅不但是流線形、還要有舒適的斜度，而且是跟球體一樣的半透明材質，整體感一流。破除萬難的建館過程中，林顧問也逐漸了解館內各部的精彩規劃，「不瞞您說，過去接觸到的宗教，難免對其他教派有所排斥。所以更覺得心道法師不簡單，博物館對教育會很有貢獻。」他笑著說：將來開館以後，一定要帶孩子來看。

發菩提心
結眾善緣
護法會鄭阿善、呂碧雪師姐

「要給下一代最好的。」基於以科技和藝術、灌輸青少年宗教善念的使命，世界宗教博物館採用全球首創的高科技展示，即使開發技術昂貴，也在所不惜。耗資十幾億，都是來自民間捐贈。

籌備之初，師父開示了建館的「八大緣起」：發菩提心（發因度眾生成佛）、承起師志（效法釋迦佛，拯救眾生災劫）、勇於承擔（以使命整合生命目標）、建大燈塔（引導社會向善）、結眾善緣（開啟、串連各界的能量）、真實精進（不患得患失，奮鬥到底）、無相布施（捨棄我執，造福大眾）、一真法界（強調真理能包容萬有）。

座下聆聽說法的僧俗徒眾，從此領悟到「工作即修行，生活即福田」。既然宗博是善緣，就要讓眾生能藉此結善因、得福報。弟子們便成立護法會，到處勸募一人一百的捐獻，以點滴善心，參與建館的修行。

鄭阿善師姐：患難見福報

護法會北縣B區的執行長，鄭阿善師姐，回憶當年、大嫂介紹她上靈鷲山參拜：「當時山上才剛開始，什麼都沒有，每個人上山都還挑砂、挑菜上去。不過我想就是雪中送炭才有意思，就因為師父的那份慈悲，跟著師父十幾年走下來。」

「一開始，大家都不知道什麼叫『世界宗教博物館』，只知道它是一個利益大眾的心靈館。所以就很有耐心，多走幾趟，一遍遍去募，讓大家有機會做個功德。我跟我先生鄭師兄說，只要我們開的烤漆廠有賺錢，一定捐；但是後來鄭師兄車禍、公司停頓以後，就更難募了。」

幾年前，鄭師兄車禍昏迷。烤漆廠由他一手經營，師姐說：「連支票的印章放在哪，我都不知道。」一片慌亂恐懼中，她帶著兩個國中、小學的兒女，卻依然勸募不懈。「當然所有親戚都很不諒解，覺得你們全心投入還發生這種事，做功德沒有意義，甚至排斥到覺得『你們不去信，就不會發生這種事』。」

師姐沒有怨天尤人：「好好壞壞，不是這一輩子的事。要是沒學佛，當然會怨；可是我學了佛才明白，生生世世的宿業，有機會還，就盡量還，還了就好。我反而更清楚、更努力精進。」最感動的是靈鷲山的法師們、新莊護法會的師兄師姐，輪班來誦經迴向給丈夫，全天候在加護病房照顧。「出了事，當然心裡很低盪。雖然別人沒信心，可是我更有信心。這些緣就是我的福報，在需要的時候，護法會就是一家人。」

兒女從小就帶著一同出入靈鷲山，看著爸媽沿路付出，也比一般孩子來得善良貼心。懂得自己照顧自己，吃飯洗澡做功課不等人催，讓父母安心。師姐從事保險業務，還整天忙於開會、做義工。旁人不堪其苦，她卻感謝師父：「同樣是廿四小時，可是我的生命沒有白過，反而充實豐富，一點也不會累。」

多年來她飽受峻拒與懷疑，但也有五十多歲的大樓清潔工，家境平凡，也沒受什麼教育；卻發心當宗博館的榮譽董事，一捐一百萬。她告訴老爺爺：「好好壞壞都是自己累積的，你這輩子的苦，都是過去幾世沒有積福，才會賺一毛錢也要這麼辛苦。」他便當場決定，要趁現在多積功德。

「當然也有很有錢的人，連一百塊都捨不得捐。」現在景氣低迷，她只有為會員打氣：「越是不景氣，越要做福氣。」本來捐五百元的會員，變成捐一兩百元，卻都

維持著那份心意。宗博館終於開館，不啻為莫大的激勵。

「當初沒有人能介紹說，博物館是什麼。我們只能告訴人家，這是積福的功德。這幾年來慢慢具體了，大家才知道宗博館，所以這十二年，宗博館是從我們嘴裡講出來的！」師姐說全憑師父的慈悲，一步一腳印的勸募，成就了每位護法師姐的智慧和口才，「一開始不曉得怎麼開口，後來給自己機會去訓練，每個人就都會講全套了！而且各人的方法都不一樣，有人說：這是對社會有意義的事情。有人說：都是做功德，佈施就有功德。」

她自己則下了最好的解釋：「其實這就是跟會，不過我們是跟佛祖的會仔！」

呂碧雪師姐：冰雕的磨鍊

護法會北縣A區的執行長，四十五歲的呂碧雪師姐，結識師父已經十四年了。「那時師父出關不久，下山交通不便。我滿有空的，就常去幫他開車。」

她婚後病痛不斷，常思索生死的問題，為何人會怕死？又為何不得不死？為追求解答，常看宋能爾牧師的佈道、或參加一貫道的聚會。後來聽到師父開示：現代人多半腦神經衰弱，是因為內心貧瘠，找不到生命的方向。他預言十年後，台灣最嚴重的將是宗教問題。所以他要把閉關苦修所得，貢獻給他最親愛的台灣弟子、貢獻給人類。

當時替法師們開車，就常聽幾位弟子在車上爭論，如何將所學貢獻於大眾。宗博館的概念一提出，僧俗弟子全都反對，覺得光是佛教就山頭林立，更不可能將世界宗教共濟一堂。但師父只說：只要宗教，都是美的。

於是西元一九九一年，成立了般若文教基金會，開始為師父的恢宏志業，全省宣傳勸募。「辦了很多活動，親子禪、畫畫比賽、演講啦，得到很大回應。護法會從羅東、宜蘭開始，去證券公司開說明會，從幼稚園、城隍廟，一路講下去。」會員就這樣不斷倍增。

「剛開始大家都只認得其他佛教團體，根本不知道有靈鷲山，我們很難勸募，也很氣餒。師父就說，我們勸募的心態要像刻冰雕，成果不會永遠留存，所以是在乎這個過程，要像做藝術品一樣專心致志。」重要的不是錢，而是透過人與人的接觸，學習尊重與包容，關心眾生的苦楚。

這過程當然耗時又費力，師姐每天三分之二的時間都在做義工。家人起初很不認同，但慢慢便了解她無私奉獻的榜樣，接受她向親朋好友勸募的行動。「我們護法委員向親友勸募，都是先帶他們認識心道法師，然後才是博物館。因為我們知名度不夠，又沒有DM，又沒有媒體，流動性也很高，無法像一般慈善單位那樣持續。只有憑委員發心的願力，一步一腳印去走。」

她笑稱護法會是學長制，老的帶年輕的，一層層銜接，傳承經驗。「別人可能有挫折感，但我比較有機會跟隨法師，到世界各地推動宗教交流，回應很大。我回國就轉述師父的理念，國際上的狀況，堅定大家的信心。」

最大的挫折，還是來自層出不窮的宗教犯罪事件。每次引起社會廣大爭議時，會員就要忍受外界猜疑的眼光，難以解釋：這些不是純粹佛教徒的事件。朋友願意捐款，也不是看理念，而是覺得她人好，跟她做一份善事；或是看到護法會的委員彼此很和諧，沒有刻意粉飾，卻有少見的祥和愉快氣氛。可見這些功德，都是信任的產物。

每逢困難時，她便想起高雄鼓山、一位六十幾歲的老菩薩。老阿媽生意失敗，當奶媽替人帶小孩為生。每天就背著孩子，雜貨店、菜市場，到處去跟人宣講，心道法師開創宗博館的理念，說這是造福子孫的事業。根本人家都不認識她，但她就是把會訊上的照片剪下來，拿去告訴人家：這就是我們法師，證明所言不虛。

就這樣，每個月收了一百多個會員。一有人退會不繳了，她的心情就滿失落的，一直在想怎麼辦。

這種赤子般的熱情，就是宗博館的根本。如果護法會在一開頭，沒有人去結這個緣，宗博館的訊息沒有層層傳到這位老阿媽耳裡，她也就沒有如此精彩的每一天。為了開創更多的美麗人生，護法會仍然迎向每個明天，努力不懈。

〔世界宗教博物館籌備過程總回顧〕**貳｜圖文集**

智慧（Wisdom）

二十一世紀的孩子們，

像風一樣飄搖。

大家生活忙碌，

沒空停下來體驗、

思考。

世界宗教博物館的創立，

便是讓人有機會去學習、

選擇宗教，

從而身心安頓。

— 創辦人　心道法師 —

開示眾生　消弭衝突

文明社會因為過度追求物質，忽略了精神生活，而導致人際間混亂紛擾。眼看各宗教團體蓋
起醫院、收容所、學校，欲解決人們「身」受之苦；靈鷲山的開山住持，心道法師，卻決定
要先拯救人們「心」受的苦。

師父悟道出關後，以「生命教育」作爲弘法的重點。台灣宗教繁雜，學校又缺乏宗教教育，導致神棍假藉宗教招搖撞騙，造成了迷信與無神論盛行，引發社會、家庭問題。所以他認爲，應該教育社會大眾宗教的常識。

雖然世界各地宗教衝突不斷，但心道師父相信：宗教雖有不同，追求人性真、善、美卻是共通的。只要提供一個順暢溝通的管道，讓宗教間彼此瞭解，就能避免無謂的衝突。

於是他召集門下出家弟子，商議如何教育大眾，並到各地參訪相關機構。一次參觀台中自然科學博物館，館內的科技影像，帶給心道師父無比的震撼。他決心要蓋一座寓教於樂、結合科技與藝術的宗教博物館。

尊重、包容、博愛的精神

如果成立佛教博物館或寺廟，能提供佛教徒心靈的寄託，也是靈鷲山信眾所樂見的，募款興建容易得多。但心道師父認為，透過世界宗教博物館教育大眾，是無可取代的最佳方案。

因為博物館必須讓世人認識各宗教，自由選擇，才能結束台灣宗教的亂象。要平等呈現世界各宗教，讓各宗教間自由對話，才能解決紛爭。

於是，史無前例的世界宗教博物館於焉成形。這是一座心靈的博物館，藉由推廣愛、互相瞭解，使世人都能尊重每一個信仰、包容每一個族群、博愛每一個生命。

有了基本的建館理念，就要去實現。為成全這個大願，原本離世修行的出家法師，便開始了十幾年堅守信念的建館生涯。

眞誠（Sincerity）

博物館的展示設計不能固執，

必須接受很多軟體進來。

所以我們要到各地、

各宗教去看看，

去感覺他們各自的想法，

讓世界宗教博物館的呈現可以更加人性化。

—創辦人　心道法師—

博物館必須廣納各專業，所以主事者持續參訪各國、各宗教。於西元一九九一年，設立「世界宗教博物館籌備處」；西元一九九四年成立「財團法人世界宗教博物館發展基金會」，開始募資、推廣理念。

請益專家　國際取經

宗博館廣邀博物館、學術、宗教、建築、政治、法律等各界人才參與。包括執行顧問江韶瑩先生及呂理政先生；工程顧問吳家駒先生、王明道先生、張國洋先生及羅謀榮先生；法律顧問劉興源先生、朱俊雄先生；博物館界顧問漢寶德先生、秦裕傑先生、陳國寧女士、張譽騰先生；學術界顧問李亦園先生、蔡彥仁先生；以及天主教馬天賜神父、基督教董芳苑牧師、道教李豐楙道長、摩門教王綠寶先生、伊斯蘭教馬孝祺教長等。

除了邀集各界先進，在國內外舉辦七場諮詢會議；並多次參訪英國聖蒙哥宗教生活與藝術博物館、美國華盛頓特區國立猶太浩劫紀念博物館、洛杉磯寬容博物館、以色列流離博物館、加拿大文明博物館、大都會藝術博物館、美國自然歷史博物館、蓋提博物館、佛瑞斯特隆博物館、英屬哥倫比亞大學人文博物館、俄羅斯宗教歷史博物館、德國馬堡大學宗教系附設博物館，得到很大的啓發。

考察團從此瞭解到，需要全盤理念和展示創意，宗博館才能運用科技，生動而親切的呈現多層面的宗教內涵。

（左二／邱澤東）

尋覓館址

原本計畫在靈鷲山上建館。但因土地使用限制、產權取得不易，民眾參觀也不方便，決定另覓地點。

西元一九九四年，當時靈鷲山護法會台北分會副會長，吳家駒建築師（宗博館工程顧問），介紹同窗摯友邱澤東先生，上山聽心道師父說法、皈依。於是邱澤東先生決心以夫妻倆的名義，發心捐贈現址二千餘坪的樓層。

翌年十二月，舉辦動土典禮暨感恩園遊會，當時的李登輝總統及各首長、海內外宗教界、博物館界及學界代表蒞臨，大批民眾前往觀禮，見證宗博館踏出實體建造的第一步。

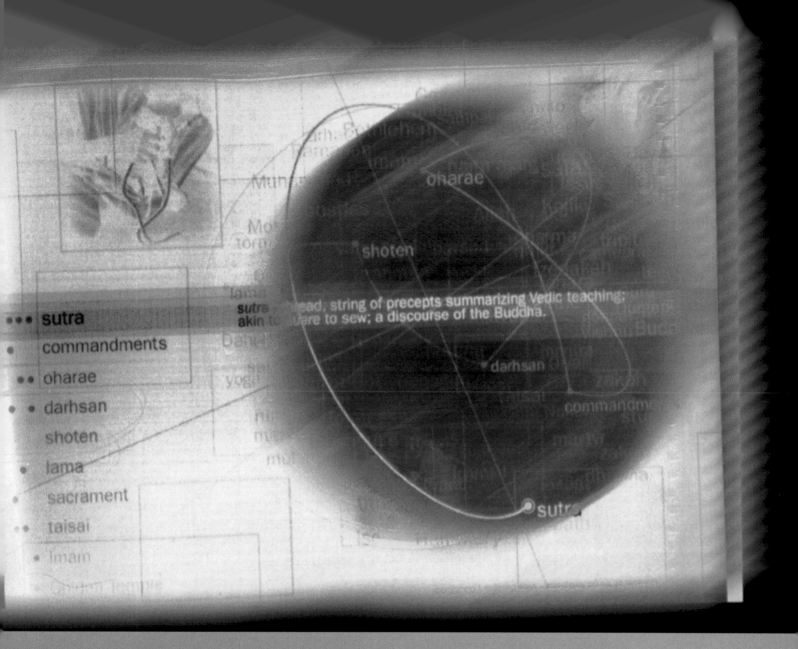

超然（Transcendence）

世界宗教博物館主要展現各宗教的內涵，
讓大家在這裡學習尊重包容，
也能因信仰而安心自在。

—— 創辦人　心道法師 ——

綱舉目張

西元一九九四年，基金會成立之後，展示研究規劃小組開始收集宗教資料、做研究。擬出一套展示規劃綱要計劃書，作為設計原則。包括展示理念、內容規劃、營運策略、管理原則、空間配置等，而擬定出下列原則：

(1) 呈現不同主題與特色，以豐富觀眾的參觀經驗。

(2) 需考量彈性的展示方式，定期換展。

(3) 運用高科技設施，令展示生動活潑、娛樂性高。

(4) 展示須配合教育推廣活動，以吸引觀眾。

(5) 營造喜悅、神聖與感知的空間，使觀眾體驗到宗教的真諦。

(6) 不專重分門別類，而呈現宗教的通性。

(7) 避免批判亂象，而展現當代宗教對社會的貢獻。

選定 RAA 設計公司

西元一九九五年至西元一九九六年間，參考了國內各大型博物館所推薦的績優廠商名單，開始徵選展示設計公司。評選委員包括江韶瑩、呂理政兩位顧問，台南藝術學院張譽騰所長，國立台灣博物館黃淑芳資深研究員、美國洛杉磯寬容博物館Gerald Margolis館長、英國聖蒙哥宗教生活與藝術博物館Mark O'Neill 資深研究員。

遂由兩百餘家公司中，選出六家來台說明。最後選擇了 James Gardner 3D Concepts公司，一九九六年九月簽約。該公司曾完成台中自然科學博物館「生命科學廳」、以色列猶太流離博物館，及美國寬容博物館。

開始展示區規劃之後，3D公司才發現，宗教的抽象意念，難以具體表達。於是宗博館解約另聘美國RAA公司。

因為一九九五年參訪美西博物館時，心道師父很欣賞國立猶太浩劫紀念博物館的說故事手法，以及規劃該館的RAA公司。因此，這時館方開始與RAA負責人奧若夫洽談，經過長達一年的討論，於一九九八年八月簽約。

委託蘇利文博士研究

博物館的設計規劃、展示內容、教育推廣，都需要實質研究作基礎。因此，邀請了美國哈佛大學世界宗教研究中心主任蘇利文博士來執行。

西元一九九五年，心道師父因創辦世界宗教博物館，應邀前往美國哈佛大學演講，結識了蘇利文博士。心道師父想建立的世界宗教博物館，與蘇利文博士心目中各宗教平等的理想國，不謀而合。因此動工大典時，蘇利文博士還主動來台，提供意見。

基金會便與蘇利文博士合作多項研究計畫，並請RAA公司與蘇利文博士合作設計，豐富博物館的內涵。

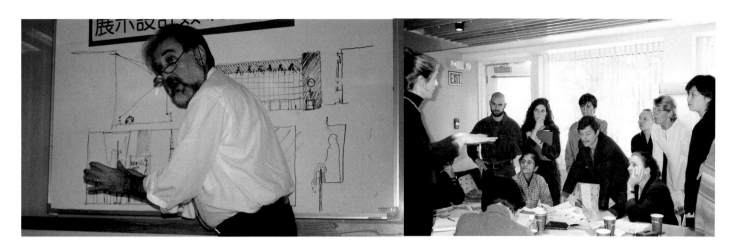

六顆寶石連成珠玉之網

首先，奧若夫提出以大小順序安置石頭的譬喻，表示先選出主軸，細項便會自然衍生。蘇利文博士也認為，這屬於世界宗教博物館的石頭，猶如寶石，或許微小卻明亮；它應符合心道法師的建館理念、世界宗教的共通主題，及配合館內的建築空間，讓人在參觀中經歷到意識的轉換。

最後博士以六顆寶石來詮釋各宗教的通性，
這六顆寶石分別是：
・「反射的能力」
・「觀」
・「時間的流逝」
・「行走」
・「辯證」
・「特殊的能力」

如何具體呈現這六顆寶石？西元二〇〇〇年，各區規劃終於定案、命名。

展區成形

【獨立電梯】

全黑的一樓入口,沈靜穩重,與隔壁全白的百貨公司形成對比;大樓立面上的LOGO標誌,
代表圓滿的宇宙觀、文化交流,以及生生不息。

一樓電梯大廳裡,抬頭看到金色的天花板,邊緣鑲著玻璃、水晶的藍色星空。搭上電梯,耳
邊是心道法師的祝福話語,伴隨著清渺的梵音。隨著電梯往上,幽暗的燈光漸漸轉亮,讓人
沐淨塵埃。在入館前,先打開了觀眾的視覺及聽覺,迎接多重感官之旅。

【朝聖步道】

「行走」這顆寶石代表朝聖。因此步出電梯、迎面而來的即是狹長、幽暗的朝聖步道。潺潺流水聲，象徵著洗禮與滌淨，請觀者先把手放在水幕牆上，進行潔淨儀式。

步道兩旁都是全球的朝聖者，與觀眾同行。每一步足音迴盪，壁面不時閃現問句：「我是誰？我來自哪裡？我為何在此？我又該往何處？」

壁柱架設了投影機，藉由一連串的文字影像，引導觀眾前行。聲光效果打破了現實侷限，帶著觀眾探索心靈。

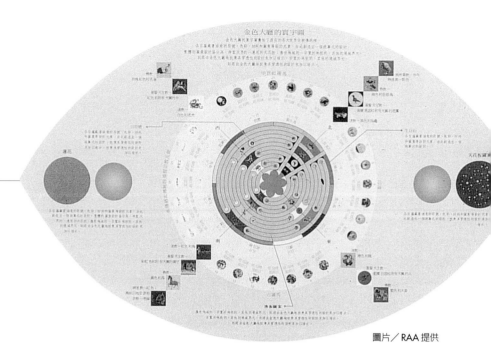

【金色大廳】

走出步道,眼前一亮,這金碧輝煌的開闊世界,正是宗博館的十字路口,金色大廳。弧形的深藍天花板,描繪出心道法師緬甸家鄉的星空。上方環列十二部投影機,隨時映出一段文字或圖像。

走過表現愛與和平的金箔圓柱,地板鑲出七色圓形迷宮圖,代表宇宙,標示了宗教色彩的方位,並嵌飾各宗教圖騰與十二顆生日石。

俯望金色大廳,迷宮圖與大廳整體構成「眼睛」的圖形,代表開啟心靈之眼。觀眾在此購票入館。

【宇宙創世廳】

展示區的第一站，宇宙創世廳，表現了宇宙的時間觀。深藍色的空間，象徵宇宙。冷調的間
接照明，顯得寧靜。廳內可觀賞各宗教創世傳說的影片，從混沌初開到毀滅，啟發參觀者對
生命無常的省思。

【生命之旅廳】

生命之旅廳就個人的生命史，分為五區：出生、成長、中年、老年、死亡及死後的世界，帶領觀眾體驗生老病死。五區各設有大螢幕，播
放各階段的宗教儀式影片；並展示相關器物，如行割禮用的刀等。
從淺藍逐漸加深，各區域構成一個圓，代表每個階段都是圓滿人生的一部分。

【靈修學習區、生命覺醒區】

生命之旅廳的左右兩側，分設靈修學習區、生命覺醒區。靈修學習區中，播放各宗教的靈修影片，讓觀眾學習適合的修行法門；生命覺醒
區中，則放映宗教大師等人的心靈見證。
待觀眾行至生命旅途的盡頭，將會看見一個明亮的圓形——華嚴世界。

圖片／RAA 提供

圖片／RAA 提供

【華嚴世界】

世界宗教博物館的精神所在。在此，觀眾置身於宗教哲學理念的網絡中，無數文字、影像的矩陣投影在四周，表達出宗教共同的真理。

內部柔靜空靈，一道強光當空射下。整個球體就是銀幕，觀眾摸到觸控平台上的圖文，球體上便相應顯現出聲光影像，闡釋宗教觀念的通性。觀眾可在此沉思、分享這些概念。

【世界宗教展示大廳】

此區是從歷史來看宗教的演進，呈現宗教傳統與藝術之美。包括佛教、基督宗教、伊斯蘭教、道教、神道教、錫克教、猶太教、印度教等主要宗教區，古代宗教、原住民宗教兩個輪展區，台灣人的信仰區，及各宗教領袖所捐贈文物的聖物展示區。兩側展示櫃高達二十八公尺，一眼便可感受到宏偉壯美的氣勢。另設解說螢幕、電視牆說明。運用「觀」、「反射」這兩顆寶石，展示將引領觀者，看出文物背後的故事；了解物件各角度的文化變貌。

【感恩紀念牆】

走回金色大廳時，行經感恩紀念牆。此處是為表達
館方的感謝。牆上刻有贊助人的姓名，無數光
點、玻璃層層輝映，表示每位捐贈者構成了珠玉
之網、實現了華嚴世界。另設觸控式螢幕，供人
查詢捐贈者資料。

【特展室】

特展室約一五〇坪，為與國內外博物館及文化界進行交流展、主題展及舉辦活
動之處。

【宗教傳真站】

配有吸引青少年的最新科技與網路設備，將館內展演、教育活動，最新的宗教資訊，即時傳送到全球。

【兒童探索區】

親子教育空間。館方專爲兒童設計了豐富的宗教體驗課程，潛移默化，啓發孩子的身心靈，培育愛與和平的種子。

和諧（Harmony）

創辦世界宗教博物館，
可以透過各宗教共存，
避免互相誤解、
攻擊的社會問題，
這就是大和諧。

— 創辦人　心道法師 —

宗教交流

心道法師希望與世界各宗教團體合作，共創和平的新世紀。所以他行遍各國，藉由宣揚宗博館的理念，邀請各宗教共襄盛舉。

多年來，他拜訪了基督教、天主教、東正教、伊斯蘭教、猶太教、佛教等宗教領袖。踏遍英、美、加、俄、土耳其、以色列、突尼西亞、南非、日本、韓國、緬甸、印度、泰國、西藏，及中國大陸等地。

俄羅斯之行

西元一九九五年八月，心道法師率隊赴俄羅斯，訪問東方正教、藏傳佛教及薩滿教組織；參觀莫斯科教堂、皇宮、廟宇、手抄古佛卷的藏經閣，以及西藏醫藥中心等。和東方正教全俄總教主、俄國佛教理事會總住持，討論宗博館的理念與文物交流等。

拜會過多宮隱士博物館、宗教與歷史博物館、三聖修道院修道博物館等，訂下文物換展交流計劃；也訪問了歐俄最大的喇嘛廟、清真寺及佛教協會。

英國聖地計劃

西元一九九七年四月，心道法師應邀到倫敦，參與英國聖地計劃（The Sacred Land Project），繞境祈福。並與主持人、英國坎特伯里大主教面談，允諾加強宗教交流合作。

聖地計劃是由英國皇室及宗教、史蹟團體贊助，保存英國宗教聖地遺址的五年計劃。包括復原宗教史蹟，創造新的聖地，宗教團體與遺蹟保護組織合作，開拓朝聖路線等。全英宗教領袖近百人熱烈參與。

土耳其電視台座談會

西元一九九七年九月，宗博館與土耳其 Samanyolu 電視台聯合舉辦「宗教對人類與社會之影響」座談會。邀集天主教、基督教、道教、摩門教、天帝教等代表一起討論，向土耳其、中亞、北非、中東及歐洲國家播出。座談會除了促進各宗教交流，也宣揚各宗教在台灣的和平共容。

前一年，心道法師訪問土耳其，才結識該台的人士。原來這家國際性電視台，是由土耳其的宗教領袖所創辦。事後，許多台灣團體都有意與土耳其交流：台北市政府希望藉該台與伊斯坦堡締結姊妹市；台視可望與該台新聞交換；鴻禧美術館與托普卡匹博物館洽商文物交流等。

攝影／李信男

梵諦岡的祝福狀

西元一九九八年九月,台北天主教總教區副主教王榮和神父,帶來了教宗的祝福狀,送給心道法師及宗博館。祝福狀讚美心道法師建館推動世界和平,致上敬意。

祝福狀是致贈給對社會、宗教、國家有傑出貢獻者,表示教宗的支持,並常為他們祈禱與祝福。祝福狀上有教宗若望保祿二世的玉照,述明:「教宗保祿二世,慈愛地將羅馬教皇的特別祝福,給予釋心道師父及世界宗教博物館,作為由神而來、永久護祐的誓約。」

達賴的鈴與杵

西元一九九九年四月,達賴喇嘛派遣和平使者,賈傑康楚仁波切,來台致贈達賴喇嘛使用、加持過的法器「鈴」與「杵」,以及親筆題偈的大幅景觀照片「智慧大海」。心道法師感謝之餘,回贈兩件象徵吉祥的哈達。

鈴與杵代表智慧與慈悲,是喇嘛修行、誦經或法會使用的法器。鈴上雕有五方佛、五方佛母、五種子字及長壽瓶等圖飾;杵上則浮雕十位本尊,和代表八菩薩、八空行母的十六瓣蓮花,備極精緻,呈現完整壇城的圖飾。

賈傑康楚仁波切表示,達賴喇嘛十分認同宗博館推動宗教交流與世界和平的理念,不僅有益於佛教徒,也能潤澤各族群及宗教。

開普敦會議

西元一九九九年十二月,世紀末盛大的世界宗教會議,在南非開普敦隆重登場。心道法師應邀請參與盛會,並以宗博館作爲獻給世人的禮物,在開幕活動中爲全世界祈福。

全球有七千人與會,八天會期包括演講、研討會、座談會、民俗表演等八百零七場活動。心道法師發表了「千禧年的心靈挑戰——希望在宗博」及「廿一世紀的佛教」兩篇演說,與世界宗教領袖會談,瞭解各宗教對新世紀的展望及困難。

他創館的構想,公認爲最具代表的年度計劃,在大會上宣讀。一位美國教授說:「我們的計劃都還在孕育當中,心道師父卻已身體力行了這麼多年,理當選他做代表。」

泰國金佛

西元二〇〇〇年一月,泰國地位最崇高的僧皇 H.H.Somdet Phra Nyanasamvara 致贈宗博館一尊大型金佛。並派十名官員護送抵台,表達對建館的祝福。

原來,西元一九九九年四月,心道法師拜訪僧皇時,邀他來台訪問宗博館。僧皇欣然接受,但因年已八十有六,不宜遠行,所以將要送給泰王祝壽的金佛,轉贈宗博館。藉此爲才遭震災的台灣祈福,把功德迴向泰王七十二歲聖誕。

該金佛長五尺、寬三尺,重達百餘公斤,泰國佛教界首次饋贈外國這麼巨大的佛像。壇座上浮雕僧皇的親筆祝福、簽名,意爲:「供養世界宗教博物館,爲世界宗教和平祈福、互相尊重、交換意見,使眾生對宗教有正念,祝福一切圓滿順利。」,並以「刻苦耐勞,堅持走過一切障礙」推崇心道法師的努力。

僧皇並致贈「壞色衣」(僧皇穿過的袈裟,象徵南傳佛教的最高戒律),及親印的祈福狀,作爲館藏聖物。足見對宗博館的重視。

英國皇家聖樂禮讚宗博

西元二〇〇〇年七月,英國劍橋大學國王學院聖樂合唱團,遠渡重洋來台,於國家音樂廳舉行「愛無邊界」音樂會,為宗博館獻唱。

受建館的宏願所感動,原為皇室、元首演唱的聖樂合唱團,首度破例,來台演出三天。合唱團有十六名少年歌者、十二名合唱者及二名管風琴手,都是國王學院、或劍橋大學附小的學生。門票搶購一空,爭睹合唱團以天籟之音詮釋巴哈、莫札特、舒伯特、海頓、韓德爾,及浪漫派名家拉赫曼尼諾夫為俄國東正教所寫的合唱曲「晚禱」。指揮克利歐伯里,特為此次盛會,創作了安可曲「禮讚世界宗教博物館」,向心道法師致敬,博得滿堂喝采。

攝影／李信男

攝影／李信男

聯合國會議

西元二〇〇〇年八月，「千禧年世界宗教及精神領袖和平高峰會」（Millennium World Peace Summit of Religious and Spiritual Leaders）在紐約聯合國總部召開。心道法師率團出席、發表演說，盼望藉著宗教力量為世界和平祈福。

聯合國首次邀集全球宗教領袖，針對衝突轉化、寬恕和解、消弭貧窮、地球環保等四大議題，祈禱及演說。台灣雖非會員國，但心道法師的貢獻，已獲國際肯定，而受邀演講「衝突轉換」（Conflict Transformation），成為會中唯一代表台灣出席的團體。

七十多國、千餘位世界宗教領袖簽署和平宣言，允諾終止宗教暴力、消弭貧窮、解決環境破壞、廢除核武，及尊重人權。聯合國並將每年八月廿八日訂為「和平祈禱日」，期望全球民眾在這天一起祈禱和平。

和平高峰會秘書長巴瓦金（Bawa Jain）讚揚心道法師推動宗博館的理念，和聯合國宗旨不謀而合，也期許各國效法，解決衝突，包容他人信仰。

攝影／李信男

Welcome to Taiwan,
Choir of King's College, Cambridge, England
Museum of World Religions
歡迎英國劍橋大學國王學院聖樂合唱團首度來台演唱
「祝賀世界宗教博物館」

回盟致贈文物

西元二〇〇一年一月，六十二個伊斯蘭教國家所組成的「回教聯盟」（Muslim World League），肯定宗博館提倡宗教交流，符合伊斯蘭強調的和平、博愛，而致贈一批伊斯蘭教文物。

來自聯合國的肯定

西元二〇〇一年三月，聯合國捎來一封公函，稱許心道法師致力宗教交流及和平的貢獻。

西元二〇〇〇年聯合國宗教高峰會的靈魂人物，巴瓦金秘書長，邀請心道法師加入諮詢委員會，並允諾協助開館。隔年，他致函宗博館，邀心道法師擔任諮詢委員，四月偕副主席馬芮安（Dena Merriam）訪台，當面致贈聘書。巴瓦金也受邀參與開館年系列暖身活動、亞洲巡迴記者會，擔任宗博館的宗教和平最高榮譽顧問。

十多年來，心道法師致力世界宗教交流及和平，深受國際肯定。為了消除全球貧窮、關懷難民、化解衝突，目前聯合國宗教和平組織，積極邀請世界政教領袖，組成高峰小組，定期召開該會議。而心道法師是國內首位受邀的宗教領袖，將與國際領袖一同為世界和平貢獻心力。

宗博館衷心希望成為世人「安心的天堂」，和宗教間對話的論壇。

奉獻（Devotion）

我們現在從事的就是修行的工作。

要有決心、

毅力和耐心持續，

才能獲得那份法喜。

因此從事世界宗教博物館的過程，

最能證明

「工作即修行，生活即福田」。

— 創辦人　心道法師 —

十年建設以來，耗資十幾億，都是靈鷲山護法會辛勞籌募，由十方大眾發心成就而來。

在「一人一百元」支持建館的號召下，一位早餐店的店員、一天不過七、八百元收入，卻捐獻百萬。有位清潔工還兼差送報，就是為了捐出薪酬。拾荒者捐出了變賣紙箱、寶特瓶的錢。老人家捐出了養老金。只因為他們相信，奉獻就是歡喜滿足。

笑罵由人　此心堅貞

當初處境的艱難，不是今日可以想像。不僅外界懷疑師父建館的居心和能耐，很多佛教徒也不諒解：為什麼要拿佛教的人力財力，建館去宏揚各教？簡直就是背叛佛祖。當時也沒人知道，宗博館蓋出來會是什麼樣子，護法會只是追隨心道師父的信念，相信他這番志業，一定能貢獻社會。

影/李信男

要說服別人，總要拿出點證據來。然而師兄師姐什麼都沒有，只能用心道法師的多年苦修、包容各宗教的理念，去感動捐獻者。募款就在這份懵懵懂懂的心情下展開，不覺走過多年歲月。

跨出教派　歡喜奉獻

有人說：「師父的世界宗教博物館，讓我的人生道路更寬廣。」募款委員首先必須拔除自我，去瞭解其他宗教的優點，才能說服大家一起支持世界宗教博物館。

各教的信徒，一聽到建館的包容理念，驚喜讚歎，心也隨之柔軟下來。一跨越宗教隔閡，更是廣結善緣，超出所求所想。心道法師教人信仰真理，不要侷限於教條和儀式；與其受形式束縛，乾脆不要去相信。大家看到別人因信仰各異而衝突，更慶幸自己是個寬容的佛教徒。

攝影／李信男

館方召集不同宗教，共同為受難者祈福、慰問家屬時；看到出
家法師們喝下教堂聖水、神父合掌念起「阿彌陀佛」時，更讓
人感受到愛與和平的喜悅。心道法師早就說過：「博物館的建
館過程比成果更加重要！」建館只是形式，珍貴的是護法會藉
此所散播愛心、尊重與包容的種子。

社會服務　無遠弗屆

護法會委員走訪各地勸募，將宗博館「尊重、包容、博愛」的理念，落實在關懷人心上面。他們學習心理諮商的技巧、處世的智慧，為人開解煩惱，也從中領悟生命，「師父苦修十一年，才發願創立這個偉大的志業，讓我有這麼大的舞台來充實這十年、甚至以後幾十年的人生。」

「普門品」裡，觀世音菩薩說：「應以何身得度者，即現何身以度之。」心道法師不勉強別人信佛，只要勸人向善，信哪個宗教他都樂見其成。什麼時候會出現什麼樣的機緣，引導你領悟出什麼樣的智慧，皆視個人緣分而定，這就是觀世音菩薩的普門智慧。而建立博物館如此開放的教育空間，就是實踐這種隨緣智慧。

心道法師說：「不先放掉自我，如何讓人了解佛教徒的包容心？觀世音菩薩之所以爲觀世音菩薩，就是因爲他沒有任何選擇，是實際的行動派。我們也是一樣，要顯出佛智慧的包容，就做了再說。到時他們雖然不一定信佛，但已經在心裡面種下那顆種子。」

攝影／李信男

投入十幾年、卅幾萬的人力，終於在今年開館。但靈鷲山本山還有建設，預備將來串聯成生命教育的網絡。無止境的募款，難免令人疲憊，委員們卻說：「這就好比吃飯，吃飽就覺得再也吃不下了；但等到下一頓，又會想吃。」有人累了停止，反而又不快樂，而回來繼續。因爲最重要的不是收錢，而是關心眾生的苦惱。

世界宗教博物館是匯聚宗教智慧的水庫，完工後，就該集結水源，引進全球的生命資源，引渠灌溉，滋潤社會的每個角落，豐饒這片大地的子民。這正是護法會的慈悲大願。

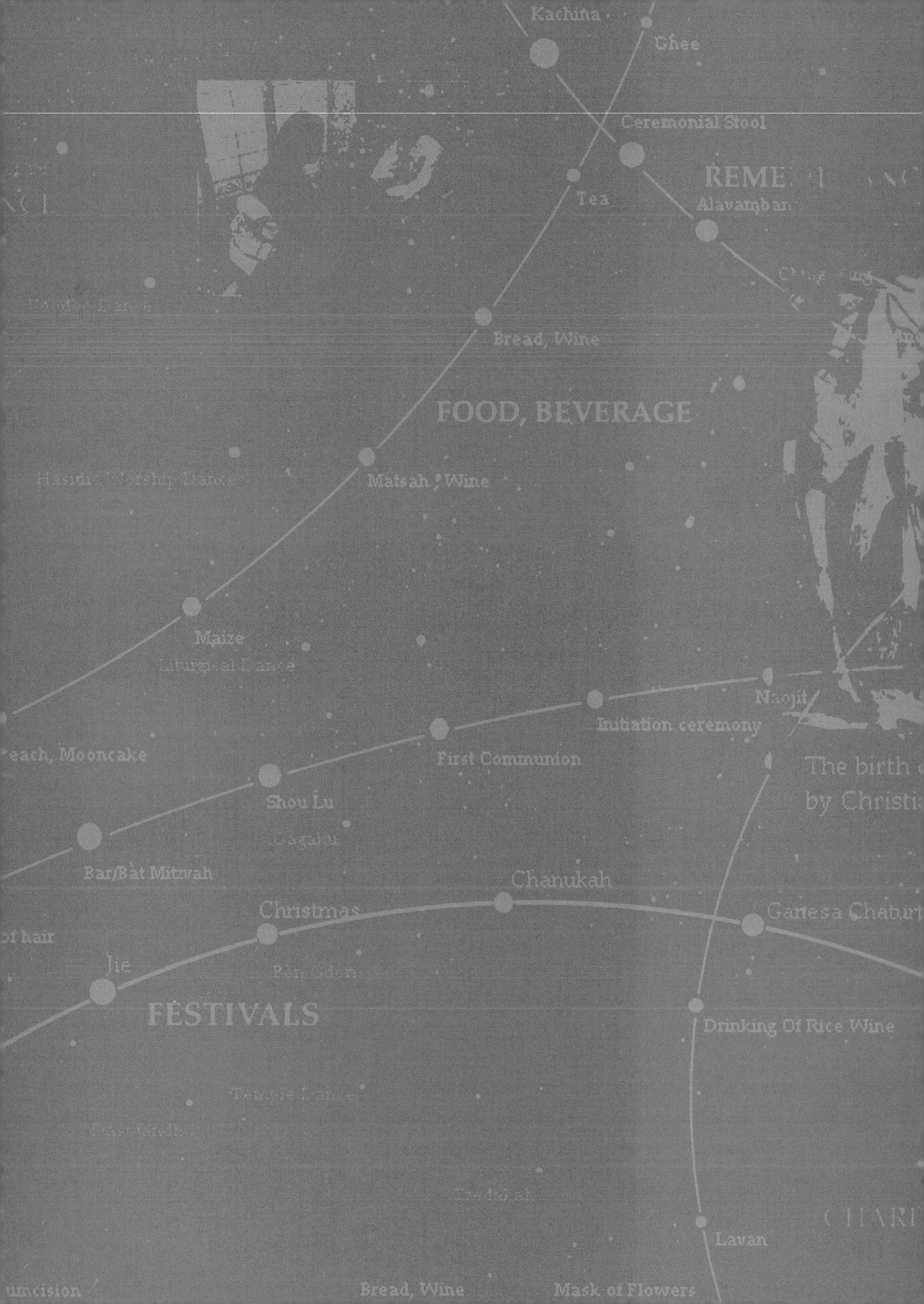

Kachina

Ghee

Ceremonial Stool

Tea

REME_ _ _ _ _ _
Alavamban_

_ _ _ _ _

Bread, Wine

FOOD, BEVERAGE

Matsah , Wine

Hasidic Worship Dance

Maize

Liturgical Dance

Naojit

Initiation ceremony

_each, Mooncake

First Communion

The birth _ _
by Christi_

Shou Lu

Dagadu

Bar/Bat Mitzvah

Chanukah

Garte sa Chaturt_

Christmas

of hair

Jie

Ben Odori

FESTIVALS

Drinking Of Rice Wine

Temple Dance

Lavan

_umcision

Bread, Wine

Mask of Flowers

參 附　錄

The Museum of World Religions

— by Mr.Ralph Appelbaum

It has been the greatest honor and privilege to have this opportunity to work with Master Hsin Tao and to help achieve his extraordinary mission - to create a Museum of World Religions founded on a message of peace and love.

Millions of visitors who will come here year after year will hear his call for spiritual cooperation to create a better world. Each will gain a deeper understanding of the richness and diversity of the world's spiritual traditions and, through this newly gained awareness, will come to celebrate the importance of religious practices since the beginning of time.

Designing the exhibit program for the Museum of World Religions was a special challenge for our team of architects, designers, and writers. Over the years, we have had the privilege of working on many different kinds of museums: history, art, culture, science, and technology - places that have a strong social mission, that are meant to teach, entertain, and, most important, foster social exchanges. But the Museum of World Religions required a design that surpassed the world of the senses and intellect and helped people to comprehend a spiritual realm. This new dimension called for a new approach.

Museums in the 21st Century

In many ways, creating the Museum of World Religions is the culmination of several long journeys that have become intertwined. Master Hsin Tao's own biography, his spiritual journey, and the wisdom he has so generously shared with us have guided our journey as designers of the museum's exhibits. This unique experience has infused the museum with the Master's intense vision and sense of purpose.

But before describing this unique collaboration, I would like to briefly discuss museums in general, because the profound changes they have experienced over the past several decades comprise another journey of discovery, one that may help to clarify our design philosophy and approach to planning exhibitions.

Until recently, a museum was simply a great storehouse of valuable objects. It was a place where evidence of the past was presented, but where the stories of the past, let alone contemplations of the future, were not. When I was a young Peace Corps volunteer, for example, working with Peruvian Indians, I saw how beautiful objects made by indigenous peoples were sold to dealers and ended up in museum collections that functioned as repositories. The traditions and spiritual beliefs - the stories - that had generated these beautiful objects were stripped away and lost. People who came to the museum never learned the powerful narratives behind each of the artifacts on view. I strongly felt that museums were missing a great opportunity, that they were overlooking the best part of their collection, that is, the stories that created the collection in the first place.

Since that time, a new way of thinking has been injected into the museum world, vigorously redefining the museum's mission, purpose, and social role. Once perceived as stodgy repositories of the status quo, museums are now far more open and open-minded. They reach out to larger audiences, to people who may never have been to a museum before. And they are not afraid to tackle difficult or controversial subject matter. Museums are now far more multifaceted and multidimensional - places where radical new ideas can ferment alongside more traditional ones.

Storytelling

One of the innovations that grew out of this ferment was the art of narrative presentation - or, more simply, storytelling - as a way to enliven the subject matter and to engage the interest and curiosity of the visitor. This approach to exhibit programming is really central to our design philosophy.

It is important to specify the particular kind of storytelling that is the mandate of the museum: it must be truthful to the greatest extent that our research and self-awareness allow. This kind of storytelling differs from the fictions that are offered to us via the popular media. The Information Age and its eye-popping technologies have given us a fictive reality that quite often seems to supersede true reality. Americans, and people all over the world, are searching for experiences that will give them a better understanding of truth and the meaning of life. Museums today are ideal places to create these narrative experiences - thrilling, dramatic, and reality-based experiences that are thresholds for discussing ethics and values.

When we plan an exhibit, we open the narrative to include different points of view, acknowledging the conflicts but always seeking points of convergence. The variety of perspectives illustrates the relative nature of the interpretation. It demonstrates to visitors that there may be many possible meanings; there is no last word, but rather a continuing conversation. It encourages people to think critically and analytically about history, culture, art, and science, and to realize that learning about these disciplines is essential to understanding our own lives.

Stories as Connections

We have also found out that the most powerful stories - those that help the visitor most - show connections across fields of knowledge, traditions, and beliefs. In the 21st century, exhibit design is being used to help people understand these connections, to see the big picture, to put things together in ways they never did before. This process of dovetailing, of interconnecting, of perceiving that the laws of the whole fit together, can be exhilarating. At the American Museum of Natural History in New York City, for example, our team created an exhibit on biodiversity called The Spectrum of Life. It features 1,500 creatures of the earth all gathered together like an extended family of living beings, each one beautiful and elegant in its own way. But together, they form a magnificent evocation of life - of life on earth, but because it is so wonderful in its numbers and diversity, of spiritual life as well. Later, when we heard Master Hsin Tao's words about the "myriad of things" of the universe, and about a compassion that "recognizes no boundary between self and other," the Spectrum of Life exhibit gained new meaning for us.

There is a growing realization today that, despite national conflicts, we and all living things ultimately share a common existence and destiny. Our world is being knitted together by new technologies that allow us to fly anywhere within a day and communicate with anyone, anywhere, instantaneously. No longer separated by space and time, different peoples are meeting, sharing ideas, and trying to understand each other. They are genuinely curious about each other and are discovering all that they have in common. This expansive connectivity has led to collaborations in economics, science, and government. Various religious groups have also joined together to foster better communications and define strategies for the improvement of life on earth. The Museum of World Religions will serve as a physical embodiment of this new world order, and will provide an animated venue for exposition and dialogue in service of these greater goals.

Museums today are prime gathering spots in the global neighborhood where international audiences can explore and exchange all kinds of knowledge and information. People respond to being in these great spaces, to being treated in a noble and honorable fashion. When an exhibit makes a cultural heritage clear or a scientific principle accessible, we are encouraging a kind of social engagement that lets complete strangers marvel and talk to each other. Each project becomes an opportunity to help release the generosity of spirit bottled up in human nature.

The Universe as Context

Our small, interconnected world reaches out to the universe, with which we are also intimately connected. The new Planetarium exhibit we created for the American Museum of Natural History, for example, describes the cosmos as a result of a "Big Bang" that occurred 13 billion years ago, propelling matter out into the universe that condensed into stars. Each star and every living creature in the universe is made of this matter, including the human brains that contemplate the matter and our place in the cosmos.

As the curators at the Planetarium told us, we are all "star stuff." We all spring from one single unit of infinitely dense matter that exploded billions of years ago. This story of our creation and one-ness with the universe seems to tell us that, despite the wide diversity of religions, cultures, and nations in the world, all life on our planet is part of a globally related family. More and more, people are realizing that our expanding universe must be accompanied by an expanding moral force that will create a unified vision, as Master Hsin Tao says, of peace and love.

A Spiritual Lens

At the Planetarium, we looked at the cosmos through the eyes of science, helped by powerful optical instruments and telescopes. But for the Museum of World Religions, we looked at the universe and all living things through a spiritual lens. We learned that the Avatamsaka sutra communicates a new way of seeing. It tells of the light of Buddha that shines into all the darkness throughout the universe and makes it possible to see the infinite world. Seeing in this new way transforms the seer, and merges viewer and viewed. As in the Net of Indra, where each knot is embellished by a jewel and each jewel reflects the light of all other jewels, we are all connected at our deepest level. We are all quite similar, if not entirely the same.

When we began our work, we felt that, like Sudhana, we were on a long journey of discovery, trying to enter the "Realm of Truth." By following the wisdom of Master Shin Tao, we gradually found our way, just as Sudhana followed the jewels that blazed along his path. To get a true sense of the project, we ourselves had to become students and immerse ourselves in the subject matter, finding our way through a process of listening and learning, trial and error. We consciously put ourselves in the visitors' shoes and used our own learning experience as a kind of map for others to follow. Master Hsin Tao helped us shape an exhibit program that would take visitors on similar journeys to understanding.

The Exhibit Path

The exhibits became like the jewels that blaze along the trails, allowing visitors to meander and wander around the exhibit, and eventually to be guided to and through certain kinds of experiences. In the Creation Theater, a ten-minute program takes viewers on an emotional journey through the cycles of creation and destruction. They see religion at its most global and universal. This presentation is followed by a more personalized journey through the stages of life - from birth through adolescence, to adult life with marriage and family, to old age, death, and life-after. Each domain along the path reveals the colorful rituals of celebration and reverence that religious traditions around the world have adopted to mark life's passages. At the same time, these zones offer an insight into how we are all tied together, despite our differing faiths, by the circle of life.

A theater of testimony introduces people from all faiths, who recount a significant moment of spiritual awareness. Visitors can also enter a public meditation gallery to learn the tools of devotion through media demonstrations and accompanying interpretive panels.

In the Avatamsaka Theater, they ascend into the Net of Indra, created as an ever-flowing matrix of words and images projected all around them. The visitors themselves control the words and images: they can trigger events and movements within the words, sounds, and images, experiencing the shared net of spiritual values that embraces our world.

In the Great Hall of Religions, ten traditions are explored through their history, development, rituals, organization, and calendar. Two giant showcases on either side of the Great Hall form subtle parallel mirrored arcs that embrace the space and display a colorful array of artifacts and artworks that provide a beautiful physical dimension to the rites associated with each tradition. These carefully acquired examples of religious culture will be dramatically presented as suspended jewels. Special film programs shown on ten custom video towers 325 centimeters tall will give visitors animated portraits of religious rituals, festivals, holy places, and architectural icons relevant to each tradition. Periodically, these towers tie all ten traditions together with sequenced special segments that show how common elements, such as fire and water, are used in different ways by different faiths. Items in the collection will be rotated and added to over the years, and from time to time, whole sections will be renewed with the stories of other religious traditions.

Two special exhibits occupy opposite ends of the Great Hall. The Beauty of Taiwan Religions, framed by the black glass wall of the Creation Theater, focuses on highlights from the museum's extensive collections of artifacts from Taiwanese folk religions. The glowing white sphere of the Avatamsaka Theater serves as a dramatic backdrop for a display of sacred objects presented to the Master by dignitaries and religious groups for inclusion in the museum.

The overarching intent is to make the museum journey a spiritual journey; to make visitors a part of the museum itself, exploring the various exhibits, but also observing themselves and other visitors as they explore, discover, and reflect, and perhaps learn a new way of seeing. Some of the most beautiful body language occurs in museums, where people can feel safe and comfortable. It's not the rushed and oblivious movement you see in other public spaces. What you see is pondering. An exhibit is a powerful venue for producing searing moments of clarity, for conveying a strong - though perhaps indirect - ethical and moral impulse that urges people to be kinder to one another, more tolerant, and more understanding.

Peace and Love

This museum reflects the most modern approach to museum design at the beginning of the 21st century. In creating its programs, we have used a wide spectrum of design tools: special lighting and sound effects, the most advanced information technologies, computer software, interactive programs, and dramatic architectural environments. These are magnificent tools that make it possible for museums to expand beyond traditional exhibits of things to ideas, even spiritual transformations. But the most essential ingredient for a successful exhibit is the story, a compelling narrative that enlivens the subject matter and captures the imagination of the visitor. Here, the story is the most compelling one imaginable - humankind's quest for truth, peace, and love.

We extend our best wishes to Master Shin Tao and to the Museum of World Religions. The advent of a new millennium presents an extraordinary opportunity for such an inspired and inspirational enterprise. We are living in an age of great transition and great possibilities. People today are thinking more in global, universal terms. They are rethinking their basic assumptions about life, and are seeking spiritual values that will sustain them through good times and bad. They are becoming seekers of peace and love, tolerance and generosity, understanding and wisdom. The museum reflects these ideals with a powerful directness and helps people orient themselves along a spiritual path to deeper understanding. As Master Hsin Tao has said, "If we do not know the comings and goings of life, we will not know the direction of our future."

Exciting Concept... Fresh Inspiration

— by Donna Lawrence

The opportunity to work on the Museum of World Religions coincided with a great curiosity I had (and continue to have) about these ancient traditions, their roots, beliefs, and practices. In addition, the mission of the museum, to increase understanding between people, is one I believe is our greatest hope and most powerful tool in solving deep problems between various cultures and countries. So when our company was contacted by RAA regarding the Museum of World Religions, I, and others on our team, were immediately drawn to the project.

As the project unfolded, however, many other sources of inspiration emerged. First was the stunning design and dramatic use of media RAA had planned for the project. For example, in the Great Hall, Ralph Appelbaum and his team had planned to incorporate a series of massive video towers--each standing as a dramatic icon of one of 10 major world religions. This was exciting as a concept on its own, but as we started working on the Great Hall, my colleague, John Murphy, Director, and I began to discover the full potential of RAA's idea.

In working on the soundtrack for the Great Hall, for example, we discovered that certain musical pieces from various traditions could be played together, therefore creating music composed of separate but harmonious components from Buddhism, Christianity, Judaism, and other traditions. For us, this was a living, breathing, symbol--a surprising but extremely inspiring discovery which flowed out of Master Hsin Tao's wisdom and RAA's visionary design.

The privilege of working with Dr. Lawrence Sullivan, of the Harvard Center for the Study of World Religions, was another source of inspiration on the project. The introductory film, "Origins," for example, afforded us an opportunity to dig deeply into the primal beginnings of human spiritual belief, working with the guidance and resources provided by Dr. Sullivan. What we discovered, and how the film tells this story, is the result of the fascinating journey we took with Dr. Sullivan into territory he knows so well and shared so generously with our team.

Finally, the opportunity to work closely with Master Hsin Tao, Liao Yi Shih, and their team has been truly a blessing in all our lives. Somehow, despite language and cultural differences, Master Hsin Tao's vision for our work on the project was clear, profound, and provided unerring guidance along the way. Everyone on our team, most of whom will never meet Master Hsin Tao and his group, have been affected by the messages and vision for peace that are embedded in the traditions explored through our work on the project. As we reflect on the tragic events which have unfolded in the past months, the meaning of Master Hsin Tao's vision--and the goals of the Museum--have deep and lasting meaning for us all. We will remain, long after completing our work, grateful for the opportunity to contribute to this great project.

世界宗教博物館文物精選圖版

名稱：**雨寶童子繪像**

宗教別：神道教

材質：絹本著色

尺寸：39.6-100.5公分

年代：室町中期

文物說明：雨寶童子據說是神道最高神天照大神來自天界的形象，也有說是天照大神十六歲的形象。天照大神是日本皇室的祖先，其神社曾建於皇宮，但於西元一世紀時遷至伊勢神宮。本圖雨寶童子的畫像乃根據朝熊山儀規所製作。

名稱：**諸神圖**

宗教別：道教

材質：紙

尺寸：148.5-67.8公分

年代：待考

文物說明：諸神圖掛軸採由上至下排列方式，三清位居最
上端，中尊依次爲東王公、西王母、斗姆等，左右分列相
關神祇，通常用於儀式法場佈置。

名稱：高野四所明神圖

宗教別：神道教

材質：紙本著色

尺寸：41.5-101.8公分

年代：室町初期

文物說明：此圖起源於眞言宗祖師空海和尚，因受地主神丹生都比亮明神與狩場明神所守護，而得在高野山建立道場，之後便有承元元年(西元一二〇七年)加上嚴島明神與氣比明神，成為繪成四處神明圖加以崇拜；其風格呈現出平安時期神佛思想融合。

名稱：猶太會堂徽章

宗教別：猶太教

材質：黃銅

尺寸：28.2-45.3-0.8 公分

年代：西元十九世紀

文物說明：置於會堂的徽章，祈禱時面對著它，象徵上帝注視著人們；其上刻有約櫃和十誡，及意指「東方」(聖地耶路撒冷)的希伯來文。

名稱： 土地公

宗教別： 台灣宗教

材質： 砂岩

尺寸： 16.5-20-12.7 公分

年代： 待考

文物說明： 土地公又稱后土、社神、福德正神，本執掌土地農作，亦為墓地之主，後拓廣到庇佑財帛的興盛。

名稱：土地公廟

宗教別：台灣宗教

材質：砂岩

尺寸：101-77-137.5 公分

年代：待考

文物說明：土地公廟是石造小廟，為土地公原始簡單的供奉形式，常被供奉於田間或聚落四方。

名稱：西王母

宗教別：道教

材質：木

尺寸：59-33.5-102.5公分

年代：待考

文物說明：西王母或稱金母、西母、王母娘娘，西王母信仰在中國具有久遠的歷史，道教納入其神系，成爲道教女仙中的最高尊神。

名稱：山王神像

宗教別：神道教

材質：木雕上彩

尺寸：（左）13.1-35-8.8 公分 （右）14.5-37.3-9 公分

年代：室町初期

文物說明：在日本幾乎每座山都有受當地民眾禮拜的神，統稱為「山王」；本件是比叡山的諸神之一，左邊是大行事神，右邊則是山末神。

名稱： 佛足石

宗教別： 佛教

材質： 灰色片岩

尺寸： 45.7-45.5-8 公分

年代： 約西元 1-2 世紀

文物說明： 印度之早期佛教，不敢直接模擬佛像，以佛足石為象徵佛陀或其所在的標誌之一，佛教徒認為見佛之足蹤而參拜，如同參拜生身之佛，可滅除無量之罪障。

名稱：常陽天尊

宗教別：道教

材質：石

尺寸：37.5-81.2-24公分

年代：西元八世紀

文物說明：現存唐代開元年間石雕造像，傳世不多。據銘文可題為「唐天寶十一年毛楚客造天尊像」，屬於為亡女祈冥福的功德像。

名稱：賀魯斯

宗教別：埃及

材質：青銅

尺寸：5.8-20.8-12.5 公分

年代：後期（664-332 BCE）

文物說明：老鷹形象的賀魯斯是法老王的象徵，這隻老鷹像戴著象徵統一上下埃及的王冠。老鷹形象的小雕像置於賀魯斯神廟中作為獻祭之用。

名稱：巴斯泰特

宗教別：埃及

材質：青銅

尺寸：4.3-6.5-15.8公分

年代：後期（664-332 BCE）

文物說明：巴斯泰特女神在後期極受歡迎。祂的形象是著緊身服裝的貓頭女神。虔誠的埃及人將小型巴斯泰特雕像置於神廟中，以祈求身體健康。

名稱：耶穌聖體櫃

宗教別：基督宗教

材質：銅

尺寸：17.7-54.5-18.1 公分

年代：西元十九世紀

文物說明：這座聖體櫃以東正教教堂形式呈現，正面大門爲取放聖體碟與聖餐杯的入口，其他三面爲描寫耶穌故事的銅鑄浮雕。

名稱：聖尼古拉

宗教別：基督宗教

材質：木、石膏

尺寸：26.4-61.5-19公分

年代：西元十八世紀

文物說明：聖尼古拉爲四世紀時小亞細亞人，傳說是米拉主教，亦是俄羅斯、水手及兒童的主保聖人，後來轉變爲聖誕老人。

名稱：聖伯多祿

宗教別：基督宗教

材質：油畫

尺寸：50-63.8-1.5 公分

年代：西元十七世紀

文物說明：聖伯多祿，原名西門，為耶穌的十二使徒之首，在耶穌遇難後，擔起耶路撒冷教會的重責，成為羅馬天主教會的第一位教宗。

名稱： 猶太聖典

宗教別： 猶太教

材質： 木、羊皮紙

尺寸： 58.7-2423.5-11.1 公分

年代： 西元十九世紀

文物說明： 猶太教最神聖的經典，內含摩西五書的律法書卷軸。乃由經文抄寫者，將經文由右而左抄寫在羊皮紙上，製成以稱為「生命樹」為軸棍的卷軸。律法書在會堂禮拜時被高舉頌讀，並收藏在罩布或律法匣中，放置於會堂的約櫃中。

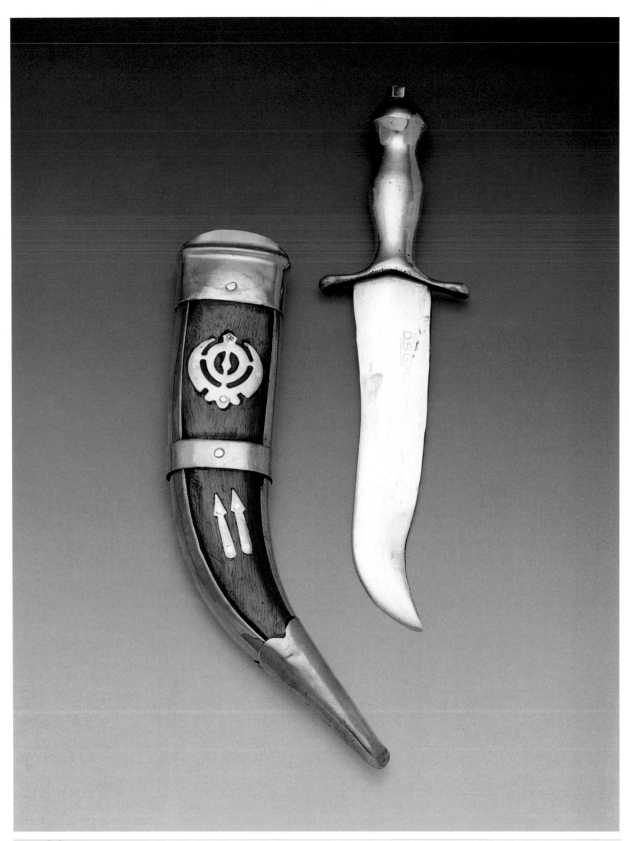

名稱：短劍(五K之一)

宗教別：錫克教

材質：金屬

尺寸：6.5-27.7-2.15公分

年代：西元二十世紀

文物說明：西元一六九九年哥賓德_辛格上師創立卡沙爾教團，其誡律之一，即要求每位教徒要佩戴五種象徵物：蓄髮、梳子、短劍、手鐲與短褲。這五種規定，因旁遮普方言均以K字開頭，稱之為「五K」。奉行「五K」是教徒表現對教團歸順的外在行為，也提醒教團成員要謹記上師言行。配帶短劍，象徵保衛真理的決心。

名稱：時輪金剛壇城

宗教別：佛教

材質：鎏金銅

尺寸：25-33.5-25 公分

年代：西元十九世紀

文物說明：時輪金剛壇城是密教無上瑜珈部曼陀羅的總集。四面、十二臂、頭頂金剛杵、下穿虎皮衣的時輪金剛與佛母交抱立於蓮花座上，足踩代表貪、瞋的大自在天與天母。蓮花形的壇城可以開合，八個花瓣的內側各有一名持法器的名妃拱衛時輪金剛，花瓣的外側飾以八吉祥。修持時輪金剛法可令兵災戰爭及一切災劫平息。

名稱：玄天上帝

宗教別：台灣宗教

材質：木

尺寸：57-96.8-52.4公分

年代：待考

文物說明：又稱上帝爺、上帝公，道教稱北極大帝或真武大帝。神像之造形披髮跣足，腳踏龜蛇，奉玉帝之命鎮守北方，民間奉為屠宰業的祖師爺，以及航海業的守護神。

名稱：七爺、八爺

宗教別：台灣宗教

材質：木

尺寸：18-37.8-14.1公分（**七爺**）、15.4-49.5-14.5公分（**八爺**）

年代：西元二十世紀

文物說明：七爺，即謝必安將軍，俗稱高仔爺，又稱白無常，頭戴高帽上書「一見大吉」，右手執扇，吐著長舌，與八爺共同為城隍爺緝捕邪魔惡鬼。八爺，即為范無救將軍，俗稱矮仔爺，又稱黑無常，頭戴矮帽上書「一見發財」，左手執火牌，右手拿著鍊具，瞪大雙眼，準備降妖伏魔。

名稱：黃銅盆

宗教別：伊斯蘭教

材質：黃銅

尺寸：45.3-15.5-4.3 公分

年代：西元十四世紀

文物說明：伊斯蘭世界的工匠擅長以黃銅、青銅製作成日常用品，並鑲嵌金銀花紋或刻上文字圖案，助益了世界金屬工藝的發展。上刻此黃銅盆即是用來盛裝清水，或食物的器物，上刻有以草書體寫成的讚頌文字。

名稱：油燈

宗教別：伊斯蘭教

材質：搪瓷玻璃

尺寸：32.7-36.5-32.7公分

年代：西元二十世紀

文物說明：油燈除照明外，在宗教意義上則象徵著眞理之光。燈身以彩色蓮花與環繞的花草植物裝飾，上有六個供懸吊的吊耳，常置於清眞寺內。

名稱：聖典架

宗教別：錫克教

材質：木貼錫箔

尺寸：96.8-157.5-59.4 公分

年代：西元二十世紀

文物說明：聖典架是安奉錫克教聖典的寶座，往往裝飾華麗，金碧輝煌，並搭配枕頭、繡金布縵與教徽布縵等，讓被視爲上師化身的聖典，如人類上師般受到虔誠的供奉。

名稱：那納克上師

宗教別：錫克教

材質：複合材質

尺寸：29.7-29.7-2.8 公分

年代：西元二十世紀

文物說明：錫克教創始者，生於印度塔爾萬提村（今稱那納克村），屬剎帝利種姓家族。西元十五世紀，在沐浴時獲得神秘經驗，並受到傳統印度教與伊斯蘭教影響，發展出新教義。後遊歷四方，以旁遮普語唱頌讚美詩以宣揚傳教並指定安葛德為繼承人，於西元一五三九年去世。

名稱：毘濕奴的宇宙形象

宗教別：印度教

材質：紙

尺寸：68.3-56.4-1.6公分

年代：西元十八世紀

文物說明：宇宙保護神毘濕奴站在七頭蛇的身上，十隻手臂分持一個不同的象徵信物，七頭蛇的下面的烏龜則是毘濕奴的第二
化身，蛇的左右兩側各有四頭象。毘濕奴身上佈滿各種不同的神祇、統治者和朝臣、印度教神祇和教士。

名稱：日神舍雅

宗教別：印度教

材質：黑頁岩

尺寸：44.5-78-19公分

年代：西元十一世紀

文物說明：印度教的日神有多位，吠陀時期即有關日神舍雅的記載。日神雙手各持一朵蓮花，蓮花座前為日神的馬夫駕馭七匹馬。日神兩旁的是祂的侍從；他們的頭上各有一隻猛獸象徵日神舍雅是宇宙性的；日神的頭上有兩個飛天，飛天的身後各有一個體型較小的侍者。

名稱：佛三尊造像碑

宗教別：佛教

材質：石灰岩

尺寸：36.2-15.1-73.5 公分

年代：西魏大統八年

文物說明：佛三尊造像碑為西魏紀年（大統八年）造像石碑，佛著「褒衣寬帶」，結跏趺坐，雙手施與願印與無畏印，頭光中有十一尊小化佛，兩尊菩薩分立於獅子上。背面刻有完整的銘文與供養人像，敘述佛弟子趙景與其家人為皇帝及蒼生同得安樂造此碑。

名稱：**佛陀誕生浮雕**

宗教別：佛教

材質：綠色頁岩

尺寸：50-56.5-12公分

年代：西元三世紀

文物說明：「佛陀誕生浮雕」描述佛傳故事的情節之一。釋迦牟尼的母后摩耶夫人懷孕了，依習俗回娘家待產，途中於藍毘尼園小憩，當她手攀著無憂樹樹枝時，佛陀便從摩耶夫人的右脅出生，一位侍者在夫人的右邊接住嬰兒，夫人的左邊和侍者的右邊各有一名仕女。

世界宗教博物館籌備大事記

一九九一年十月
靈鷲山世界宗教博物館資訊籌備中心
成立。

一九九二年五月二十二日
進行國內博物館參觀考察系列活動。

一九九二年九月
世界宗教博物館建館整體規劃架構及
流程擬訂完成。
擬訂世界宗教博物館各項基本原則。

一九九二年十月
擬訂世界宗教博物館規劃方案綱目。

一九九二年十二月
首度舉行世界宗教博物館規劃座談
會；開始世界宗教博物館籌劃工作。

一九九三年二月十七日
天主教馬天賜神父、A.C.R.P 會長，及
日、韓友人來訪。

一九九三年七月
天主教教廷及樞機主教參訪靈鷲山。

一九九三年七月十三日
召開籌設「世界宗教博物館發展基金會」第一次董事會議。

一九九三年七月十六日
舉辦「宗教、建築、博物館」系列講座。

一九九三年八月七日
舉辦「世界宗教博物館籌備處成立大會」。
台北市安和路展示室正式開幕，開始台灣民間信仰展示。

一九九四年一月十五日
召開第一屆規劃委員會議，審核構想草案

一九九四年四月二十三日
世界宗教博物館發展基金會正式立案。
台灣民間信仰展示開幕。

一九九四年五月一日
舉辦「以愛拯救地球」義賣演唱會

一九九四年六月
應「法國文化基金會」與「地中海文化中心」之邀，到北非突尼西亞參加「對宗教神聖性的探討」演講。

一九九四年七月一日
依「聖典計劃」造訪各宗教，並受贈各教經典、書籍。

一九九四年十一月
赴西歐英、德等國進行博物館考察與館際交流。

一九九四年十二月十七日
世界宗教博物館發展基金會榮譽董事及宗教諮詢委員會授證。

一九九四年十二月二十四日
舉行世界宗教博物館創意徵文比賽頒獎典禮暨聯誼會。

一九九五年一月十三日～二月二十二日
召開世界宗教博物館展示基本架構確立會議。

一九九五年二月十日
舉辦「宗教文化與生活」研習營。

一九九五年三月一日
世界宗教博物館首度對外借展；配合高雄市立美術館「台灣傳統版畫源流」特展，出借本館版畫拓本共計六十六件。

一九九五年三月二十八日
中研院院士暨蔣經國基金會執行長李亦園教授來訪，對宗教交流委員會角色及功能、定位提供建議。

一九九五年四月
受邀至美國耶魯大學及哈佛大學演講，認識蘇利文博士。

一九九五年五月十三日
舉行世界宗教博物館發展基金會第一次資訊委員會議。

一九九五年五月十八日
內政部宗教科及台北市政府人員來訪，瞭解世界宗教博物館籌備及運作狀況。

一九九五年六月二十七日
日本沖繩電視台台長暨部長來訪，由宗教交流委員會黃智慧教授陪同參觀，並拍攝本館收藏浮版文物於其節目中播出。

一九九五年七月三十日
德國柏林國家廣播電台記者 Jens Kleindienst 來台採訪創辦人心道法師。並安排內政部民政司鍾司長，及道教、耶穌基督末世聖徒教會、伊斯蘭教、天主教光啟社等人接受訪問。

一九九五年十月
成立「展示規劃小組」，並首度召開展示計畫會議。
世界宗教博物館簡訊試刊號出刊。
舉行佛教、原住民宗教及伊斯蘭教文物評鑑會。

一九九五年十一月十五日
展示設計公司初選完成。

一九九五年五月二十八日
舉辦「為世界宗教博物館而跑」全省巡迴活動。

一九九五年五月三十日
假國父紀念館舉辦青少年座談會，暢談世界宗教博物館針對青少年的設計理念。

一九九五年六月十八日
宗教交流委員會蔡光思先生陪同俄羅斯陸柏博士、美國羅格斯教授等人來訪，提出宗教交流建議。

一九九五年八月十～二十九日
赴俄羅斯考察博物館，並與東正教、薩滿教、藏傳佛教進行交流。

一九九五年八月二十四日
委託李豐楙教授至福建參加民間信仰學術座談會，並收集博物館相關資料。

一九九五年九月十四～三十日
赴美國、加拿大進行博物館考察；參觀地點包括：美國猶太浩劫紀念博物館、寬容博物館、加拿大文明博物館等。

一九九五年十二月十七日
舉辦世界宗教博物館動土大典，包括國家元首、政府各部會長官、海內外宗教界各教領袖、博物館界及學界代表前往共襄盛舉。
英國萊斯特大學社會學系所長來訪。

一九九五年十二月十六～二十一日
俄羅斯「布里亞特歷史博物館」館長 Mr. Jambalova 及俄羅斯佛教總代表 Kamb Lama Ayusheev 等貴賓來訪，安排拜會蒙藏委員會，並參加世界宗教博物館動土大典。

一九九五年十二月二十一～二十三日
哈佛大學世界宗教研究中心主任蘇利文博士來訪；
十二月二十一日並舉辦宗教學術交流座談會。

一九九六年二月
加入美國博物館協會（America Association of Museums）。

一九九六年三月
世界宗教博物館簡訊創刊號正式出刊。

一九九六年四月二十二～二十四日
參與大甲媽祖進香團活動，進行田野訪查。

一九九六年四月二十七日
李豐楙教授對館員發表善書館藏研究計畫。
舉行第一次「展示公司基本設計合約書」草案顧問諮詢會議。

一九九六年五月十七～二十九日
心道法師率「宗教聖地訪問團」赴中東地區參訪土耳其、以色列二國之猶太教、基督宗教、伊斯蘭教、巴哈伊教等宗教聖地及歷史遺址。

一九九六年五月二十五～二十六日
參加中研院文哲所舉辦的「宗教與二十一世紀」學術研討會。

一九九六年六月
世界宗教博物館籌備顧問秦裕傑著「現代博物館」專書出版。

一九九六年六月七日
李秀琴老師的「宗教音樂委託計畫」結案；本案共收錄世界宗教音樂光碟三百餘片。

一九九六年六月二十九日
召開世界宗教博物館國際展示設計公司徵選會。

一九九六年八月三～四日
確認世界宗教博物館建築發展之方向及四年計畫發展重點。

一九九六年九月二十一日
世界宗教博物館正式與英國 3D 展示設計公司合作，並舉行簽約儀式。

一九九六年十月
完成世界宗教博物館籌建進度白皮書。

一九九六年十月八日
研究藏傳佛教的 Dr. Pal 來訪，就文物採購與收藏方向提供本館意見。

一九九六年十月十四
創辦人心道法師參加在泰國舉行的 ACRP 亞洲宗教與和平國際會議。

一九九六年十月十六日
首次在國際拍賣會上競標，於倫敦拍賣會上購置了「五僧圖」與「十八世紀古蘭經」二件文物。

一九九六年十一月十一日
針對台灣宗教現象發行「理性的信仰」專書。

一九九六年十二月十四日
世界宗教博物館 Home Page 首頁登錄於 WWW 世界網路資訊。

一九九六年十二月二十六日
以色列經濟文化辦事處處長圖艾麒先生與葛安娜小姐來訪，討論未來與世界宗教博物館合作發展的方向。

一九九七年一月十七日
參加日本京都東獅子會及台灣東南獅子會結盟三十週年慶活動，受贈台灣民間信仰文物一批。

一九九七年二月十五日
參加湄州媽祖迎香活動，收集台灣民間信仰相關資料。

一九九七年三月七日
假國父紀念館西側廣場主辦「尋找慈悲與智慧的影像」唐卡拼圖比賽。

一九九七年三月八～二十二日
舉辦「宗教之美」系列演講活動。

一九九七年三月二十五日
達賴喇嘛首度來台弘法；參加達賴喇嘛於輔仁大學演講活動。

一九九七年四月八日
參與羅東奠安宮玄天上帝祭，收集台灣區廟會祭典展示資料。

一九九七年四月十五日
世界宗教博物館典藏管理步入自動化階段。

一九九七年四月二十三日
創辦人心道法師應邀赴英參加英國聖地計畫朝聖之旅，並為當地聖地祈福祝聖。

一九九七年四月二十八～三十日
赴美國亞特蘭大參加第九十二屆美國博物館年會，了解國際博物館發展趨勢及現況。

一九九七年五月
世界宗教博物館顧問呂理政所著「古蹟、民俗、博物館」推廣專書出版。

一九九七年五月十三～十五日
參加亞太地區博物館館長會議，以瞭解亞太地區博物館發展現況及面臨問題。

一九九七年五月二十三日
就建築師取得核照之空間與坪數與東家建設進行討論，確定世界宗教博物館所分配使用之樓層與空間坪數。

一九九七年六月十二～十四日
美國 RAA 展示設計公司來訪，與博物館創辦人及籌備人員進行會談，瞭解世界宗教博物館展示設計及營運計劃。

一九九七年九月五日
協同土耳其 Samanyolu 電視台舉辦「宗教對人類與社會之影響」座談會。

一九九七年九月二十四日
世界宗教博物館顧問呂理政著「神州腳印」博物館推廣專書出版。

一九九七年十一月十六～二十一日
參與於大安森林公園所舉辦的第一屆「宗教博覽會」活動。

一九九八年三月二日
土耳其回教組織 Zemzn 來訪靈鷲山，與創辦人心道法師交換宗教教育，及宗教交流對促進世界和平之重要性。

一九九八年五月六～十三日
訪中國北京、承德，與北京各博物館
館長、社會科學研究院交流。

一九九八年七月三十日
中國宗教局副局長王作安先生率「中
國宗教交流中心台灣訪問團」一行人
來訪，並作宗教研究心得交流。

一九九八年八月五日
正式與美國RAA展示設計公司簽訂世
界宗教博物館規劃、設計、發展及監
造合約。

一九九八年八月九日
俄羅斯布里亞特共和國首都烏蘭烏迪
市市長一行人來訪。

一九九八年九月十日
梵諦岡頒贈『教宗祝福狀』與世界宗
教博物館。

一九九八年九月二十日
RAA展示設計公司進行「概念發展」
簡報，雙方對內容研究上延聘世界宗
教研究顧問，館區各項動線、募款模
型、廣播站的設立、工作進度與過
程、籌設理念等做進一步溝通。

一九九八年十月
赴日本、韓國進行國際宗教交流。

一九九八年十二月九～十日
RAA展示設計公司來台進行簡報及工
作會議；十日由世界宗教博物館與
RAA公司、台灣宗教代表及宗教研究
學者，進行『台灣宗教展示內容討
論』。

一九九八年十二月十二～十三日
協辦第二屆『宗教博覽會』。

一九九九年一月六日～三月十七日
委託董芳苑教授指導專案助理進行
『台灣宗教基本資料專案』。

一九九九年一月二十一～二十四日
赴紐約與RAA展示設計公司及哈佛大
學蘇利文教授，共同參加展示內容發
展討論會。

一九九九年
二月二十一日～三月十四日
世界宗教博物館館藏「普巴杵」借展
予鴻禧美術館「清宮秘藏」特展。

一九九九年二月二十七日～三月五日
印度之行；此行拜訪印度教、巴哈伊教及錫克教等宗教大師，並邀得哈佛大學蘇利文博士隨行，進行國際宗教交流及博物館理念與進度介紹。

一九九九年三月三十一日～四月三日
RAA 展示設計公司來台簡報會議；本次議題包括：博物館行政區域規劃，募款策略與模型工作進度、立面設計草案、世界宗教博物館 LOGO 設計方向等。

一九九九年四月十四～二十八日
舉辦「宗教文明」系列講座。

一九九九年六月二十六日
舉辦年度榮董大會並展示建館進度，RAA 公司總裁奧若夫先生親至會場簡報規劃成果。

一九九九年七月八～二十三日
哈佛大學、RAA 展示設計公司及世界宗教博物館共同於美國各地，舉辦六場「世界宗教博物館展示內容專案」討論會議。

一九九九年十月十一日
聯合天主教、佛教、基督教、回教、道教等台灣五大宗教代表拍攝『921 震災重建家園』公益廣告。

一九九九年四月十六日
達賴喇嘛遣專使賈傑康楚仁波切，致贈和平祝福禮物『智慧大海』圖像偈語及隨身「鈴」、「杵」。

一九九五年七月一日～
一九九九年五月十六日
委託德國馬堡大學 Prof. Michael Pye 及英國蘭卡斯特大學 Dr. Elliot E. Shaw 執行世界十大宗教、地區宗教之研究資料完成。

一九九九年六月七日
美國波士頓博物館文物協會會長漢斯、古根漢博士來訪。

一九九九年九月八日
於台灣舉辦「世界宗教博物館展示內容專案」第七場研討會，邀請博物館界專家，及宗教界、文化界人士共同與會。

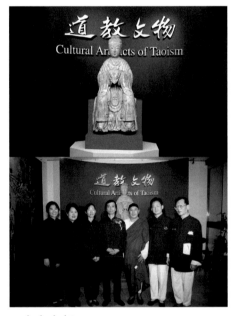

一九九九年
十月二十二日～十一月二十一日
協助國立歷史博物館舉辦「道教文物特展」，借出二十三件世界宗教博物館道教文物精品。

一九九九年十二月一～八日
赴南非開普敦參加第三屆世界宗教會
議，世界宗教博物館創辦人並在會中
發表「廿一世紀的佛教」、「千禧年
的心靈挑戰—希望在宗博」二篇演
講。

二〇〇〇年一月二十七日
梵諦岡教廷代表易福霖代辦等天主教
代表拜訪創辦人心道法師。

二〇〇〇年六月四日
於永和舉辦「下午茶音樂會」社區藝
文活動。

二〇〇〇年六月二十七日～七月二日
赴日本拜訪國學院大學神道教資料
館，並商談合作事宜。

一九九九年十二月二十八日
九二一震災滿百日，聯合中區天主
教、佛教、天帝教、道教、一貫道等
五位宗教代表，於東勢鎮東豐大橋舉
辦「真愛2000點燈祈福活動」。

二〇〇〇年五月一日
世界宗教博物館接受中華民國宗教與
和平協進會委託，編輯九二一地震災
後心靈重建刊物「陪伴」。

二〇〇〇年七月十一～十三日
舉辦「青少年心靈藝術森林體驗營」。

二〇〇〇年一月二十日
泰國僧皇－康查那布里(Kanchanaburi)
致贈『金佛』、『袈裟』、『祈福狀』
等三寶供世界宗教博物館典藏，泰
國國王另致贈世界宗教博物館佛像乙尊。

二〇〇〇年六月二日
世界回教聯盟秘書長歐貝德博士來台
拜訪創辦人心道法師，瞭解世界宗教
博物館籌建及交流事宜。

二〇〇〇年七月二十六～二十八日
為禮讚世界宗教博物館，特邀請英國
劍橋大學「國王學院聖樂合唱團」來
台，在國家音樂廳演出。

二〇〇〇年七月十九日
東宜建設公司著手進行世界宗教博物館大樓產權移轉作業。

二〇〇〇年八月二十七～三十一日
創辦人心道法師受邀參加聯合國「千禧年世界宗教領袖和平高峰會議」，公開演講主題「衝突轉化」，並會見各國重要宗教領袖、博物館界人士及網站創辦人、音樂家，為世界宗教博物館理念延伸觸角及合作交流。

二〇〇〇年九月八～十一日
參訪新墨西哥州印地安保護區，及科羅拉多州靈修區多處宗教靈修閉關中心，認識當地宗教靈修保留區負責人漢娜。

二〇〇〇年九月二十二日
大陸文化市場司司長、國家文物局及博物館界人士來訪。

二〇〇〇年九月二十四日～十月一日
創辦人心道法師與呂副總統至中美洲訪問，除加強宗教的互動與交流，更進一步向友邦介紹世界宗教博物館建館理念。

二〇〇〇年十月十九～二十四日
RAA展示設計公司最後設計定案報告。

二〇〇〇年十一月十九日
參加巴哈伊教在台三十週年慶典。

二〇〇〇年十二月五日
舉行世界宗教博物館工程動工典禮暨開工儀式。

二〇〇〇年
十二月七～二〇〇一年一月十一日
開辦宗教體驗系列課程。

二〇〇〇年十二月二十六日
承辦由新境界文教基金會及民進黨中央黨部所主辦之「國際跨宗教事務發展研討會」；邀集產、官、學、宗教各界賢達及民間代表等，共同就內政部所擬「宗教團體法草案」內容及相關議題進行研討。

二〇〇一年一月三十一日
「世界回教聯盟」贈與世界宗教博物館伊斯蘭教文物一批；精美文物包含有聖地麥加天房罩幕的精細刺繡布塊、伊斯蘭教器物，及相關的文字及影像資料等。

二〇〇一年二月十四日
世界宗教博物館網站與美國第一大提供宗教及心靈服務的網站 "Belief Net" 簽訂合作協議書，授權雙方使用各自網站內容。

二〇〇一年二月十八～二十日
來自日本、香港、加拿大、菲律賓、美國及台灣等六個地區所組成的「東亞宗教交流訪問團」，前往拜會創辦人心道法師，進行宗教靈修及交流經驗的分享。

二〇〇一年三月八日
世界宗教博物館為感謝回盟致贈天房罩幕等珍貴文物，特與外交部合辦感謝茶會，邀請副總統呂秀蓮、各國駐華使節及外交部官員參與盛會。

二〇〇一年三月二十九日
台灣觀光協會嚴長壽會長宴請創辦人心道法師等人，並提出博物館營運建言。

二〇〇一年四月七日
達賴喇嘛來台弘法；心道師父與其會面，邀請達賴喇嘛參加世界宗教博物館開館典禮，並致贈榮譽顧問聘書。

二〇〇一年四月十五日
聯合國宗教和平會議祕書長巴瓦‧金來台參加靈鷲山二〇〇一年會員大會，並邀請創辦人心道法師擔任聯合國宗教和平高峰會諮詢委員；心道法師亦邀請巴瓦擔任宗博館榮譽顧問。

二〇〇一年五月二十七日
日本國學院神道資料館館長三橋建教授來訪，協助世界宗教博物館神道教展區之展示內容。

二〇〇一年六月十三日
訪美國布魯克林博物館，參觀亞洲館收藏。

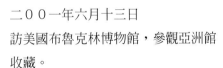

二〇〇一年六月十四日
於美國接受路透社新聞網、俄羅斯電視台、藝術新聞雜誌，及哥倫比亞藝術新聞等媒體專訪。

二〇〇一年七月一～六日
於西班牙巴塞隆納參加第十九屆國際博物館年會（ICOM）；世界宗教博物館發展基金會執行長了意法師，於會中發表「世界第一座世界宗教博物館」演講。

二〇〇一年八月
心道法師號召發起成立「維護宗教聖地古蹟委員會」，呼籲全球重要宗教、文化及政治領袖共同投入搶救世界宗教聖地古蹟的行動。心道法師並主動前往巴爾幹半島、非洲、東南亞、中東、南美洲、北美等地區考察各地區宗教聖地古蹟遭破壞情形。

二〇〇一年十一月九日
世界宗教博物館開館，舉行隆重開幕典禮。

國家圖書館出版品預行編目資料

珠玉之網：世界宗教博物館開館紀念專刊／盧郁佳,紀雅蘭著.——臺
北縣永和市：世界宗教博物館基金會， 民90

166面：23公分×30公分

ISBN　957-97653-3-2（平裝）

1.世界宗教博物館

206.8　　　　　　　　　　　　　　90018631

珠玉之網

世界宗教博物館開館紀念專刊

發行人　楊麗芬

出版者　財團法人世界宗教博物館發展基金會附設出版社

地址　台北縣永和市中山路一段 236 號七樓

電話　02-8231-6699

傳眞　02-8231-5966

網址　www.mwr.org.tw

編輯　世界宗教博物館編輯委員會

主編　釋了意

執行編輯　紀雅蘭

著作者　紀雅蘭　盧郁佳

校對　范敏眞　陳世賢　王建鈞　洪淑妍　紀雅蘭

版面構成　舞陽美術

美術總監　邱榆鑑

美術設計　吳家俊　張淑珍　王佳恩　杜詠芳

攝影　李信男　陳俊吉　徐嘉宏

印製　日動藝術印刷有限公司

定價　新台幣 700 元

出版日期　中華民國九十年十一月

統一編號　78358877

劃撥帳號　18871894

戶名　財團法人世界宗教博物館發展基金會附設出版社

ISBN　957-97653-3-2（平裝）

行政院新聞局出版事業登記證

局版北市業字第 510 號